47 · 2015

47 · 2015

FUNDE UND AUSGRABUNGEN
IM BEZIRK TRIER

Aus der Arbeit
des Rheinischen Landesmuseums Trier

RHEINISCHES
LANDESMUSEUM
TRIER

Gedruckt mit freundlicher Unterstützung der
Gesellschaft für Nützliche Forschungen zu Trier

Generaldirektion Kulturelles Erbe Rheinland-Pfalz
Rheinisches Landesmuseum Trier
Weimarer Allee 1 · D-54290 Trier
Telefon 0651/9774-0 · Fax -222
landesmuseum-trier@gdke.rlp.de
www.landesmuseum-trier.de
www.gdke.rlp.de

ISSN 0723-8630

Redaktion
Jürgen Merten (Schriftleitung)
Kristina Schulz (Lektorat und Textbearbeitung)
Franz-Josef Dewald (Satz und Layout)

Offsetdruck
Verlagsdruckerei Schmidt GmbH, Neustadt a. d. Aisch

Inhalt

Möglichkeiten des Einsatzes von Laserscan-Daten zur Erfassung von Kulturlandschaftsrelikten

Timo Lang

Beispiele der Visualisierung aus dem westlichen Hunsrück

Seit etwa zehn Jahren kommen in der Archäologie verschiedene neuartige oder verbesserte Prospektionsmethoden zum Einsatz, mit denen eine zerstörungsfreie Erforschung von Geländedenkmälern möglich ist. Dabei handelt es sich einerseits um geophysikalische Methoden wie Geomagnetik, Georadar oder Geoelektrik, mit deren Hilfe inzwischen große Flächen in kurzer Zeit untersucht werden können. Andererseits findet mit der Auswertung von Laserscans eine Technologie aus dem Bereich der Fernerkundung Anwendung, bei der hochauflösende Geländemodelle die Möglichkeit liefern, kleine Unebenheiten in der Landschaft zu erkennen. Sämtliche Methoden bieten sowohl der Bodendenkmalpflege als auch der archäologischen Forschung umfangreiche Nutzungsansätze. In der Folge sollen das allgemeine Funktionsprinzip der Laserscans sowie die Anwendung verschiedener Visualisierungsmethoden an ausgewählten Fundstellen in den Waldgebieten des westlichen Hunsrücks vorgestellt werden.

Funktionsweise

Allgemein wird die für die Anfertigung von Laserscans genutzte Technologie als LIDAR *(Light Detection and Ranging)* bezeichnet (Doneus/Briese/Kuhtreiber 2008; Doneus 2013, 208-222). Dabei handelt es sich um eine Methode zur optischen Abstandsmessung, bei der dreidimensionale Datenpunktwolken erzeugt werden. Unter Verwendung verschiedener Messgeräte kann diese Technologie für die Dokumentation von Funden, Ausgrabungsbefunden, einzelnen Geländedenkmälern oder auch für die großflächige Geländerelief-Erfassung zum Einsatz kommen. Letztere erfolgt durch Laservermessung während systematischer Befliegungen als *Airborne Laser Scanning* (ALS). Eine Besonderheit ergibt sich dabei für die Anwendung der Methode in Waldgebieten. Zwar werden viele der Laserstrahlen bereits durch die Vegetation reflektiert, ein Teil durchdringt jedoch Bäume oder Sträucher und erreicht den Boden. Da die Befliegungen im Winter stattfinden, ist die Messpunktdichte in Bereichen mit sommergrünen, laubtragenden Pflanzen höher als in Nadelwäldern. Die empfangenen Signale werden als *first echo* (erste Reflexion, zum Beispiel Baumkronen) und *last echo* (letzte Reflexion, Boden) bezeichnet. Für archäologische Belange sind nahezu ausschließlich die vom Boden zurückgeworfenen Signale relevant, aus denen durch verschiedene Datenfilter *Digitale Geländemodelle* (DGM) ohne Vegetation erzeugt werden können. Die für Rheinland-Pfalz durch das Landesamt für Vermessung und Geobasisinformation zur Verfügung gestellten Daten besitzen etwa vier Messpunkte pro Quadratmeter.

Für die Auswertung der Laserscans existieren verschiedene Visualisierungsmethoden, von denen an dieser Stelle nur die wichtigsten vorgestellt werden können. Die Basisdarstellung als Reliefmodell zeigt nur im Einzelfall anthropogene Oberflächenveränderungen, worum es sich im Grunde bei archäologischen Bodendenkmälern handelt, liefert jedoch einen guten Eindruck von der jeweiligen Geländeform. Die am häufigsten verwendete Visualisierungsmethode ist die Schummerung *(Hillshading)*, bei dem eine direkte Lichtquelle simuliert wird. Je nach Richtung und Winkel der Beleuchtung zeigen sich Reliefveränderungen dabei unterschiedlich deutlich. Das Hillshading ermöglicht zwar eine intuitive Auswertung, Probleme bereiten jedoch zum Beispiel optische Täuschungen, zum Teil schlechte Kontraste oder Lageungenauigkeiten durch Schattenwürfe. Weitere Visualisierungsmethoden sind die Darstellung der Hangneigung *(Slope)*, simulierte diffuse Beleuchtungen aus unterschiedlichen Richtungen *(Sky View Factor)* oder die Filterungen der Daten zur Entfernung der Geländemorphologie *(Trend Removal)*. Grundsätzlich gilt dabei, dass eine Methode nicht ausreicht, um sämtliche Kulturlandschaftsrelikte zu identifizieren, sondern eine Kombination verschiedener Darstellungen nötig ist.

In Rheinland-Pfalz sind heute etwa 42 % der Landesfläche mit Wald bedeckt, womit es sich um das waldreichste Bundesland handelt. In Hunsrück, Eifel, Westerwald und Pfälzer Wald existieren große zusammenhängende Waldgebiete, die sich hervorragend für die Auswertung von Laserscan-Daten zur Erfassung von Kulturlandschaftsrelikten eignen. Ein Modellprojekt in Baden-Württemberg hat den Wert dieser Methode für die Bodendenkmalpflege bereits umfassend belegt (Bofinger/Kurz/Schmidt 2007), sodass auch eine verstärkte Verwendung der Methode in Rheinland-Pfalz überaus vielversprechend ist. Dies zeigt auch der bisherige Einsatz in Forschungsprojekten, wobei ein deutlicher Schwerpunkt der Anwendung im Bereich der Montanarchäologie liegt (Boos u. a. 2008; Haneke/Zeeb-Lanz 2012).

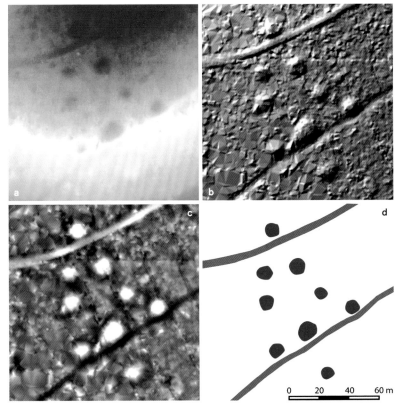

1
Hermeskeil.
Hügelgräbergruppe in verschie-
denen Visualisierungsmethoden.
a Farbiges Reliefmodell.
b Hillshading.
c Trend Removal.
d Schematische Umzeichnung.

Eisenzeitliche Hügelgräber

Hügelgräber gehören zu den am besten in Laserscan-Daten zu iden-
tifizierenden archäologischen Geländedenkmälern. Sie stammen in
Hunsrück und Eifel zumeist aus der älteren Eisenzeit, die in dieser
Region als Hunsrück-Eifel-Kultur bezeichnet wird. Zwischen etwa 600
und 250 v. Chr. wurden Tausende dieser Bestattungsmonumente errichtet, von denen viele bis heute in den Waldflächen erhalten sind.
Je nach Erhaltungsbedingungen sind die Hügelgräber heute noch bis
zu 2 m hoch und weisen zumeist Durchmesser zwischen 8 und 20 m
auf. Große Gräberfelder können sich auf bis zu 2 000 m Länge erstrecken und sind oft in mehrere Teilgruppen mit etwa 10 bis 50 Hügeln
aufgeteilt.

Das hier vorgestellte Beispiel zeigt mehrere Visualisierungsmethoden anhand einer bei Hermeskeil (Kreis Trier-Saarburg) liegenden Nek-
ropole [Abb. 1]. Mit neun Hügelgräbern handelt es sich um eine relativ
kleine Gruppe, die jedoch möglicherweise zu einem größeren Bestat-
tungsplatz gehört. Bei der ersten Darstellung handelt es sich um ein
einfaches Reliefmodell, bei dem ein Farbspektrum auf die vorhandenen Höhenwerte gestreckt wird. Höher gelegene Bereiche sind dabei
rot eingefärbt, während blaue Farbtöne tiefere Areale anzeigen. Die
Hügelgräber heben sich durch die Farbstreckung nur undeutlich ab,

es ist jedoch möglich, aus den absoluten Höhendaten die oberirdische
Erhaltung zu ermitteln, die zwischen 0,4 und 0,6 m liegt. Deutlich
besser sind die Erhebungen hingegen in der Darstellung als Hillshading sichtbar. Die simulierte Beleuchtung erfolgt dabei aus Nordwesten in einem Winkel von etwa 35°. Die Hügelgräber sind optisch gut
als Erhebungen zu erkennen, die sich allerdings in unterschiedlicher
Deutlichkeit zeigen, wodurch es schwierig ist, die genauen Umrisse
zu ermitteln. Bei der dritten Darstellung handelt es sich um ein *Trend
Removal*, bei dem das eigentliche Geländerelief herausgefiltert wurde.
Die Hügelgräber werden im Kontrast zu einer flachen Oberfläche gezeigt, sodass ihre Umrisse deutlich zu erkennen sind. Auf dieser Darstellung basiert auch die Umzeichnung der Bestattungsmonumente
und der beiden durch den Kartenausschnitt verlaufenden Wege. So
ergeben sich Durchmesser von 8 bis 12 m für die Erhebungen. Neben
dem Geländerelief geht allerdings auch die im Hillshading erkennbare
oberirdische Form der Hügelgräber verloren.

Befestigungsanlagen

Ebenfalls ab der Eisenzeit werden im westlichen Hunsrück die ersten Befestigungen errichtet. Die bekannten Geländedenkmäler liegen
zumeist auf Bergkuppen und zeichnen sich durch Wehranlagen verschiedener Bautechniken aus Holz, Erde oder Stein aus. Die letzten
keltischen Anlagen enden um die Mitte des 1. Jahrhunderts v. Chr. Erst
in den Krisenzeiten des Römischen Reiches im 3. und 4. Jahrhundert
n. Chr. entstehen neue Befestigungen, die sich häufig in denselben
Lagen wie jene der Eisenzeit befinden, jedoch meist kleiner als die älteren Umwehrungen sind. In einigen Fällen ist sogar eine erneute Nutzung der Bergkuppen für den Burgenbau des Mittelalters festzustellen.

Auf dem bis zu 675 m hohen Wildenburger Kopf bei Kempfeld
(Kreis Birkenfeld) kann eine solche komplexe Nutzungsgeschichte
beispielhaft vorgestellt werden [Abb. 2]. In diesem Zusammenhang ist
auch interessant, wie sich die verschiedenen Phasen oberirdisch und
damit im Laserscan sichtbar erhalten haben. Durch die Ergebnisse
von Ausgrabungen zwischen 1978 und 1980 ist es möglich, die unterschiedlichen Spuren genauer anzusprechen (Nortmann 1987). Von
der keltischen Befestigung, die wohl im 3. und 2. Jahrhundert v. Chr.
genutzt wurde, haben sich zwei etwa parallel von Nordosten nach
Südwesten verlaufende, halbrunde Mauerzüge erhalten. Diese sind
heute noch als Steinhalden vorhanden und umschließen eine Fläche
von etwa 5 ha. Die Wehrmauern sind an zwei Stellen rekonstruiert
worden, dort zeigt sich im Laserscan deutlich der Unterschied zwischen der Breite der ursprünglichen Mauern und der heutigen Steinhalden. Im Westen sind die Wehranlagen durch die spätere Nutzung
vollkommen zerstört. Entlang der Steilkante im Norden war ursprünglich zwar ebenfalls eine künstliche Befestigung vorhanden, diese ist jedoch inzwischen größtenteils abgerutscht und deswegen oberirdisch
nicht mehr erkennbar.

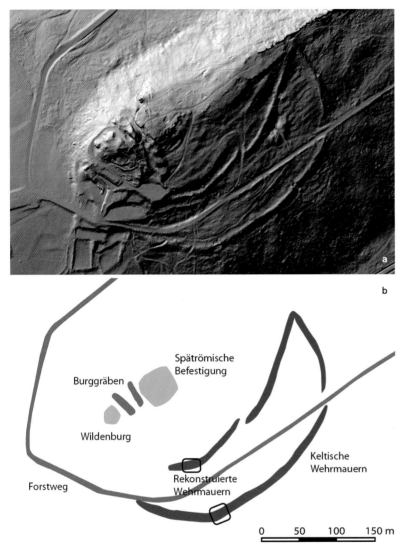

2
Kempfeld, Wildenburger Kopf.
Befestigungsanlagen.
a *Hillshading-Darstellung.*
b *Schematische Umzeichnung.*

Vom 1. bis zum 3. Jahrhundert n. Chr. bestand auf dem Berg vermutlich ein römisches Heiligtum, von dem allerdings keine sichtbaren Überreste erhalten sind. Um die Mitte des 4. Jahrhunderts n. Chr. wurde ein etwa 100 x 40 m großer Bereich des Gipfels erneut befestigt. Eine durch die Ausgrabungen nachgewiesene Mauer orientiert sich dabei an einer natürlichen Felskante, die im Laserscan gut sichtbar ist. Die schlechte Erhaltung der römischen Anlagen hängt wohl auch mit der im späten Mittelalter errichteten Wildenburg zusammen, für deren Bau man sicherlich die wenig nordöstlich liegenden antiken Ruinen ausbeutete. Inzwischen sind von der Burg selbst nur noch zwei große Gräben zu erkennen, die den Bergsporn nach Nordwesten hin abriegeln. Der heutige Aussichtsturm wurde hingegen erst 1981 fertiggestellt.

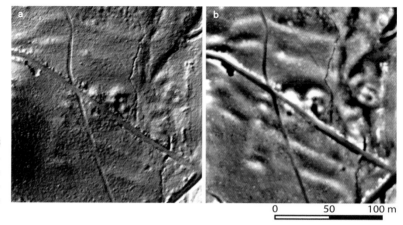

0   50   100 m

Römische Siedlungsstellen

Die Überreste römischer Gebäude gehören gewöhnlich zu den markantesten archäologischen Fundstellen. Diese zeigen sich auf gepflügten Ackerflächen meist recht deutlich durch Ziegel-, Baustein- und Keramikstreuungen. Die Grundrisse der Anlagen können häufig durch geophysikalische Untersuchungen oder Luftbildbefunde ermittelt werden. Bauspuren im Wald sind hingegen oft weniger gut zu erkennen, da sich gerade ungestörte Ruinen nur durch Schutthügel andeuten, die sich im Laserscan nicht unbedingt gut vom umliegenden Gelände absetzen. Grundsätzlich sind größere Bauten besser zu identifizieren, gerade wenn diese markante Grundrisse besitzen, wie es bei den Hauptgebäuden der römischen Gutshöfe, den *villae rusticae*, oft der Fall ist.

Ein solches Hauptgebäude wurde 1973 in der Nähe von Mandern (Kreis Trier-Saarburg) bei der Anlage eines Forstweges angeschnitten und in der Folge teilweise ausgegraben (Haffner 1977/78). Es handelt sich um eine sogenannte Portikusvilla mit Eckrisaliten, wie sie im Trierer Land vielfach anzutreffen ist. Freigelegt wurden Teile eines Badetraktes, die Funde deuten auf eine Nutzung von der Mitte des 2. bis zum Ende des 3. Jahrhunderts n. Chr. hin. Eine Schätzung der ursprünglichen Gesamtgröße des Bauwerks lag bei etwa 30-40 x 25-30 m. Zusätzlich konnten westlich und östlich des Hauptgebäudes jeweils der Schutthügel eines Nebengebäudes identifiziert sowie im Süden die Umfassungsmauer der Anlage auf etwa 75 m Länge nachgewiesen werden.

Im Laserscan [**Abb. 3**] zeigt sich der durch den Forstweg zerschnittene Zentralbau des Gutshofs als bis zu 1 m hoher Schutthügel. Erneut wird der Unterschied zwischen den verschiedenen Visualisierungsmethoden, in diesem Fall Hillshading und Trend Removal, deutlich, die jeweils andere Details betonen. Besonders gut sind in beiden Darstellungen die zwei Eckrisalite nördlich des Weges auszumachen, wobei sich an der östlichen Gebäudeseite ein vermutlich rezenter Eingriff in das Bauwerk zeigt. Die Frontbreite im Norden beträgt etwa 35 m, was mit den während der Ausgrabung festgestellten Größen übereinstimmt.

Der südliche Gebäudeabschluss ist hingegen im Laserscan nicht zu erkennen. Dies hängt vor allem mit dem dortigen Geländerelief zusammen, das nach Norden hin abfällt. Die Eckrisalite sind entsprechend in einer vermutlich künstlich erhöhten Situation errichtet worden, während sich der Rest des Bauwerks weniger stark vom Hang absetzt. Eine Betonung der Frontseite in Richtung des nächsten Tals erfolgte somit unter Ausnutzung der natürlichen Topografie, was vielfach bei römischen Villen belegt ist. Im Umfeld des Hauptgebäudes sind zudem mehrere kleinere Erhöhungen vorhanden, von denen zwei mit den bereits bekannten Nebengebäuden in Verbindung gebracht werden können. Insofern ist wohl mit der Existenz weiterer Bauwerke zu rechnen. Ebenso zeichnen sich südlich des Hauptgebäudes zwei lineare, etwa von Südosten nach Nordwesten verlaufende Strukturen ab, von denen die nördliche wohl die bereits nachgewiesene Umfassungsmauer darstellt. Da sich im Norden ebenfalls zwei parallele Erhebungen andeuten, zeigt sich hier vielleicht eine Mehrphasigkeit der Einfriedung der Villa. Insgesamt ist der Gutshof wohl dem Typ der Streuhofanlagen zuzurechnen.

Neuzeitliche Schanzanlagen

Grundsätzlich gilt, dass jüngere Bodeneingriffe besser im Laserscan identifiziert werden können als ältere. Insbesondere Befestigungsanlagen können so eindrucksvoll visualisiert werden. In den letzten Jahren werden dabei auch verstärkt Relikte der Weltkriege genauer betrachtet, aber auch mittelalterliche und neuzeitliche Strukturen sind oft eindeutig zu identifizieren.

Bei dem gewählten Beispiel [Abb. 4] handelt es sich um ein Vorwerk der Schanzanlage bei Graach an der Mosel (Kreis Bernkastel-Wittlich), das sich etwa 1 800 m südöstlich der Hauptbefestigung befindet (Castendyck 1995). Deren Errichtung wurde in den 1890er Jahren durch

0   100   200 m

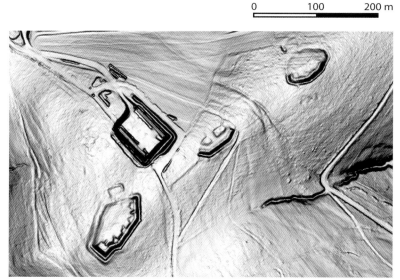

4
Graach.
Schanzanlage.
Slope-Darstellung.

preußische Truppen begonnen und später von der französischen Armee fortgeführt. Die Schanzen dienten dem Zweck, das schmale Plateau der Moselschleife abzuriegeln, Kampfhandlungen fanden in diesem Bereich jedoch keine statt. Es handelt sich dabei um Erdwälle mit vorgelagerten Gräben. Diese sind im Laserscan in der Darstellung der Hangneigung *(Slope)* aufgrund ihrer steilen Kanten überaus deutlich zu erkennen. Die südlichste Schanze ist etwa 120 m lang und entspricht mit ihrer eckigen Form der damaligen Bauweise von Befestigungen. Hinter der mittleren, mit 80 m Breite kleinsten Anlage befinden sich zwei flache Vertiefungen, bei denen es sich ehemals wohl um Kanonenstellungen handelte. Die nördlichste Schanze ist als Halbrund angelegt und etwa 90 m lang. Die große, rechteckige Struktur nordwestlich der Befestigungswerke ist hingegen ein Teil des Neubaus der B50, die an dieser Stelle von einer Wildbrücke überquert werden soll.

Weitere Kulturlandschaftsrelikte

Bei den am häufigsten in Laserscans erkennbaren Kulturlandschaftsrelikten handelt es sich um alte Wegetrassen, Meilerplätze und Bergbauspuren. Auch alte Flureinteilungen oder Terrassierungen zeigen sich oft deutlich. Keine dieser Strukturen kann anhand ihrer Form sicher datiert werden und in den meisten Fällen ist wohl von einer neuzeitlichen Zeitstellung auszugehen. Dennoch zeugen diese Relikte von einer intensiven historischen Nutzung der heutigen Waldlandschaften.

Alte Verkehrstrassen deuten sich zumeist als Hohlwege an [Abb. 5], bei denen wie im Beispiel aus der Nähe von Allenbach (Kreis Birkenfeld) eine Spur solange genutzt wurde, bis sie zu stark ausgefahren war. In der Folge wich man auf eine neue, zumeist parallel verlaufende Strecke aus, sodass mit der Zeit stark verzweigte Hohlwegbündel entstehen konnten. Eine Überschneidung mehrerer Trassen ermöglicht zwar zum Teil relative Datierungen, die Lage von Hügelgräbern oder anderen Bodendenkmälern an den Verkehrswegen ist jedoch zumeist nicht für eine gesicherte zeitliche Einordnung geeignet (Nortmann 2012).

Ähnlich verhält es sich bei Bergbaurelikten, für die zwar oft eine vor- und frühgeschichtliche Entstehung angenommen wird, in den meisten Fällen aber eine neuzeitliche Zeitstellung wahrscheinlicher ist (Lang 2012, 20-21). Kleinere Abbauspuren in Form von Pingen [Abb. 6] können einzeln, in kleinen oder in größeren Gruppen vorkommen, wie es im gezeigten Beispiel aus der Nähe von Hermeskeil der Fall ist. Pingen stellen zwar tendenziell ältere Bergbauspuren dar, sie wurden jedoch bis ins 19. Jahrhundert hinein angelegt. Größere Steinbrüche [Abb. 7], in diesem Fall aus dem Umfeld von Greimerath (Kreis Trier-Saarburg), sind hingegen oft jünger, allerdings sind gerade aus römischer Zeit auch solche großflächigen Abbauspuren bekannt.

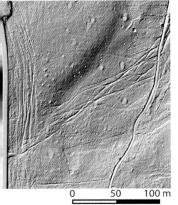

0   50   100 m

5

Allenbach.
Hohlwege.
Hillshading-Darstellung.

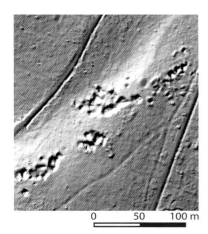

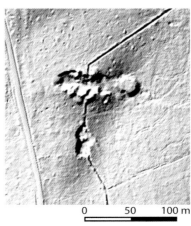

6
Hermeskeil.
Pingenfeld.
Hillshading-Darstellung.

7
Greimerath.
Tagebau.
Hillshading-Darstellung.

In regelmäßigen Abständen angelegte Meilerplätze [Abb. 8] stehen mit der Holzkohleversorgung der spätmittelalterlichen bis neuzeitlichen Eisen- und Glashütten im Zusammenhang. Sie stellen wohl das häufigste Kulturlandschaftsrelikt in den ausgedehnten Wäldern des Mittelgebirges dar (Boos u. a. 2008, 35). Das gewählte Beispiel weist Abstände von 50 bis 70 m zwischen den einzelnen Meilern auf und befindet sich bei der Ortschaft Neuhütten (Kreis Trier-Saarburg), die erst im 17. Jahrhundert im Zuge der Etablierung der Eisenhüttenwerke des Schwarzwälder Hochwaldes entstand.

Fazit

Die vorgestellten archäologischen Fundstellen und Kulturlandschaftsrelikte zeigen beispielhaft, welche Möglichkeiten sich durch die Visualisierung von Laserscan-Daten ergeben. Gleichzeitig unterliegt diese Prospektionsmethode auch Einschränkungen, da insbesondere die Identifizierung neuer Geländedenkmäler gewisse Schwierigkeiten bereitet. Auf eine Begehung vor Ort zur genaueren Interpretation des Laserscans sollte daher nicht verzichtet werden, auch wenn die Ansprachen mit einem zunehmenden Vergleichsbestand sicherer werden. Für bekannte Fundstellen ist eine Überprüfung der Erhaltung oder älterer Lagepläne zumeist gut möglich. Ein interessanter Aspekt könnte auch ein Vergleich der aktuell vorliegenden Laserscans mit den Daten von zukünftigen Befliegungen sein, wodurch sich Veränderungen der Landschaft in einem verhältnismäßig kurzen Zeitraum zeigen würden. In jedem Fall verspricht ein vermehrter Einsatz dieser modernen Prospektionsmethode in Waldgebieten umfangreiche Erkenntnisse für die Bodendenkmalpflege und die archäologische Forschung.

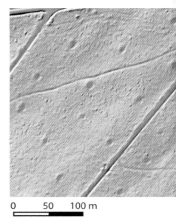

8
Neuhütten.
Meilerplätze.
Hillshading-Darstellung.

Literatur

J. Bofinger/S. Kurz/S. Schmidt, Hightech aus der Luft für Bodendenkmale. Airborne-Laserscanning (LIDAR) und Archäologie. Denkmalpflege in Baden-Württemberg 36, 2007, 153-158. – J. Bofinger/R. Hesse, Neue Wege der archäologischen Prospektion aus der Luft. Mit Airborne-Laserscanning Bodendenkmalen auf der Spur. Denkmalpflege in Baden-Württemberg 40, 2011, 35-39. – S. Boos/P. Haupt/S. Hornung/P. Jung, Erste landschaftsarchäologische Ergebnisse zum alten Bergbau bei Otzenhausen/Nordsaarland. Zeitschrift zur Geschichte des Berg- und Hüttenwesens 14, 2008, H. 1, 27-49. – G. Castendyck, Graacher Schanzen. In: Historische Festungen im Südwesten der Bundesrepublik Deutschland. Hrsg. von H.-R. Neumann (Stuttgart 1995) 24-27. – M. Doneus, Die hinterlassene Landschaft. Prospektion und Interpretation in der Landschaftsarchäologie. Mitteilungen der Prähistorischen Kommission 78 (Wien 2013). – M. Doneus/Ch. Briese/T. Kühtreiber, Flugzeuggetragenes Laserscanning als Werkzeug der archäologischen Kulturlandschaftsforschung. Das Fallbeispiel „Wüste" bei Mannersdorf am Leithagebirge, Niederösterreich. Archäologisches Korrespondenzblatt 38, 2008, 137-156. – A. Haffner, Die römische Villa bei Mandern, Kreis Trier-Saarburg. Trierer Zeitschrift 40/41, 1977/78, 95-106. – J. Haneke/A. Zeeb-Lanz, LIDAR-Technologie. Möglichkeiten dieser modernen Vermessungsmethoden am Beispiel des Altbergbaugebiets am Stahlberg. Mitteilungen des Historischen Vereins der Pfalz 110, 2012, 331-337. – T. Lang, Archäologische Relikte der Eisenverhüttung im Hunsrück. Zeitschrift zur Geschichte des Berg- und Hüttenwesens 18, 2012, H. 2, 4-26. – H. Nortmann, Die Wildenburg im Hunsrück von der Latènezeit bis zur Spätantike. Trierer Zeitschrift 50, 1987, 31-115. – H. Nortmann, Altstraße – Römerstraße? Das Beispiel Farschweiler, Kreis Trier-Saarburg. Funde und Ausgrabungen im Bezirk Trier 44, 2012, 7-18.

Abbildungsnachweis
Abb. 1-8 Landesamt für Vermessung und Geobasisinformation Rheinland-Pfalz,
          © GeoBasis-DE/LVermGeoRP2015-04-01; Visualisierung: Verfasser.

Medusa in Trier Karin Goethert

Ein ungewöhnliches Terra-sigillata-Fläschchen

Kleinformatige Flaschen sind in der Terra-sigillata-Produktion eine Besonderheit. In der Trierer Museumssammlung lässt sich bisher nur ein 7 cm hohes, birnenförmiges, schmuckloses Balsamarium mit zwei ösenförmigen Henkeln ausmachen, das vom südlichen Gräberfeld St. Matthias stammt. Mit anderen Keramikgefäßen war es dem Verstorbenen im 3. Viertel des 1. Jahrhunderts n. Chr. ins Grab gelegt worden [Abb. 1].

Einen überraschenden Zuwachs erhielt die Sammlung durch den Fund eines Kopfgefäßes aus Terra sigillata [Abb. 2], der 1988 in Trier-Süd an der Hohenzollernstraße zutage kam, als im Zuge von Ausschachtungsarbeiten für den Neubau des Finanzamtes ein römisches Glasmacherviertel angeschnitten und teilweise beseitigt worden war, ehe das Museum von dieser Maßnahme in Kenntnis gesetzt wurde [Abb. 3a]. Die Glaswerkstätten lagen im nordwestlichen Teil einer Insula, begrenzt durch die Ost-West-Straße 17 und die Nord-Süd-Straße D, deren Straßenkörper vor der Westseite des nördlichen Gebäudekomplexes durch einen modernen Kanalschacht gestört war [Abb. 3b]. In diesem – also leider ohne Fundzusammenhang – wurde das vorzustellende Gefäß geborgen.

1a-b
Trier, St. Matthias.
Terra-sigillata-Fläschchen.
RLM Trier, Inv. 1911,1111e.

2
Trier, Hohenzollernstraße.
Terra-sigillata-Fläschchen
mit Medusengesicht.

RLM Trier, EV 1988,130 FNr. 30.
a Seite A.
b Seite B.
c-d Seitenansichten.
e Aufsicht.
f Bodenansicht.

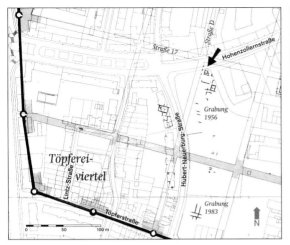

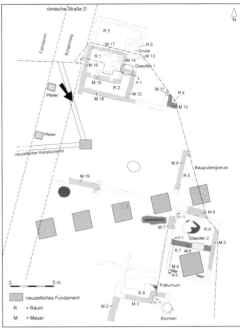

3a
Trier, Hohenzollernstraße.
Übersichtsplan des südwestlichen
römischen Stadtviertels.
↙ Grabung 1988.

3b
Trier, Hohenzollernstraße.
Planausschnitt der Grabung
1988.
↘ Fundstelle des Medusen-
fläschchens.

Das 6,9 cm hohe, mit einem kräftigen hellrotbraunen Überzug versehene Fläschchen zeigt auf beiden Seiten das gleiche Gesicht, das sich aufgrund seiner Attribute – Flügel im Haar und Schlangen – unschwer als das Haupt der Medusa zu erkennen gibt, das der griechischen Sage nach mit seinem bösen Blick alles zu versteinern vermochte. Der Kopf erhebt sich über einem konischen, gegliederten sockelartigen Fußteil. Dieser wird in mittlerer Höhe von einem gekerbten, von Furchen eingefassten Band umzogen.

Die breiten rundlichen Gesichter, die an beiden Seiten bis auf geringe Abweichungen gleich sind, werden von einem kleinen volllippigen, fest geschlossenen Mund, einer kurzen, breiten Nase sowie kleinen Augen beherrscht. Die schräg zu den Schläfen abwärts fallenden Brauen verleihen dem Gesicht einen etwas mürrischen Ausdruck. Umgeben wird es von einem dichten Kranz kurzer, sich schlängelnder Locken. Über der Stirnmitte liegt eine S-förmig geschwungene Locke, die von je einer dicken, zu den Schläfen umbiegenden Strähne gerahmt wird. Oberhalb dieser heben sich die kleinen Flügel ab. In Höhe des Unterkiefers lösen sich aus der Haarmasse die Schlangenleiber, die unter dem Kinn verknotet sind und seitlich umbiegen. Locken und Flügel weisen flüchtige Untergliederungen auf. Das Gesicht der Seite A [**Abb. 2a**] ist etwas besser ausgeprägt als jenes der Gegenseite B [**Abb. 2b**].

Über der Kopfmitte sitzt der 1 cm hohe Hals des Fläschchens auf, der als kurzer zylindrischer Aufsatz gestaltet ist. Zur Mündungsöffnung sind die Seiten leicht konkav geschwungen, sodass das Halsstück einem Korb (Kalathos) ähnelt. Gekerbte Schnüre umziehen den zylindrischen Teil. An den Kalathos schließt beidseitig eine massive Rahmung an, die, nach konkaver Schwingung umbiegend, steil abwärts bis in mittlere Kopfhöhe fällt und hier mit einem rundlichen Knauf endet. Der Kontur dieser Rahmung wird an der Innenseite durch eine eingetiefte Linie, an die sich ein Punktband anschließt, begleitet. Deutlich ist diese Verzierung allerdings nur an der Seite A ausgeprägt. Zu beiden Seiten des Kalathos befinden sich in der Rahmung vor dem Brand angebrachte Durchbohrungen zum Aufhängen des Fläschchens.

Das oberhalb der Haarmasse um den Kopf geführte schmale, gekerbte Band bildet eine Abgrenzung gegen die Rahmung [Abb. 2c-e]. Dass das Fundstück, wie unten erläutert wird, aus zwei Teilen zusammengefügt ist, verdeutlichen die seitlich verlaufenden Nähte; diese sind nur flüchtig verstrichen [Abb. 2c-d]. Der matt glänzende hellrotbraune Glanzton-Überzug ist an den kräftiger plastischen Partien stark abgerieben.

Die Beschädigungen, die den dichten rotbraunen Tonkern sichtbar werden lassen, beeinträchtigen kaum den Gesamteindruck. Auf Seite A sind Teile des Sockels abgeschlagen, auf Seite B Teile der rechten Wange mit der rahmenden Haarpartie sowie der Knauf der Rahmung. Die Absplitterungen reichen bis an die Außenseite des Sockels.

Die geringen Unterschiede, die sich an beiden Gesichtern feststellen lassen, beruhen hauptsächlich auf Fehlern der Formen beziehungsweise der Ausformung. Auf Seite B verunklären kleine Tonbatzen den Verlauf einiger Haarlocken. Deren Untergliederung in einzelne Strähnen ist weitgehend undeutlich. Fehlerhaft ist die Unterlippe, die von einem Riss durchzogen wird. Schlecht ausgeprägt ist, wie oben vermerkt, auch die eingetiefte Punktreihe, welche die Innenseite der Rahmung begleitet.

Die Kennzeichnung der Schlangenlocken ist an Seite A [Abb. 2a] deutlicher. Verunklärungen durch vereinzelte Tonbatzen sind auch hier insbesondere an der rechten Seite feststellbar. Die Pupille des rechten Auges weist eine schwache Markierung auf.

Vorbilder

Fläschchen in Kopfform stellten in beachtlicher Vielfalt Glaswerkstätten des 1. Jahrhunderts n. Chr. her, darunter auch doppelgesichtige Medusa-Gefäße, die in eine zweiteilige Form geblasen wurden und in unterschiedlicher Ausprägung überliefert sind. Die gläsernen Exemplare sind mit einem langen zylindrischen Hals versehen, an dessen Ansatz beidseitig über der Haarmasse die Flügel liegen. Diese sind bei vielen Fläschchen undeutlich ausgeprägt. Der Kopf selbst geht in ein kurzes, zuweilen konisch gestaltetes Bodenteil über.

Als Vergleich sei ein 6,7 cm hohes Fläschchen aus gelbem Glas vom nördlichen Trierer Gräberfeld vorgestellt, das 1882 als Einzelfund Eingang in die Museumssammlung gefunden hat [Abb. 4]. Hier heben sich zu beiden Seiten des Halses die Flügel, die nicht näher gekennzeichnet sind, nur als längliche Erhöhungen ab. Diese kleinformatigen Medusa-Köpfe dienten wohl dem Töpfer unseres Terra-sigillata-Gefäßes als Vorbild, das er jedoch in Einzelheiten veränderte.

4
Trier, St. Paulin, nördliches Gräberfeld. Doppelgesichtiges Glasfläschchen mit Medusengesicht.
RLM Trier, Inv. 6416.

Im Unterschied zu den Glasgefäßen ist der Gesamteindruck des Terra-sigillata-Fläschchens geschlossener, da der lange röhrenförmige Hals durch den kurzen zylindrischen, einem Kalathos ähnelnden Aufsatz ersetzt und zugleich in eine Rahmung eingebunden ist.

Man hat den Eindruck, dass sich der Töpfer für die Rahmung von einem gut ausgeprägten Glasfläschchen hat inspirieren lassen, bei dem sich die Flügel mit leicht geschwungenem Kontur auf dem Oberkopf neben dem Halsansatz erheben. Als Beispiel sei auf ein blaues Fläschchen im Museum von Padua verwiesen [Abb. 5].

Ein auffallendes Detail ist die sich über der Stirnmitte schlängelnde Locke, die den griechischen Vorbildern fremd ist. Sie lässt sich im frühen 1. Jahrhundert n. Chr. an einer Gruppe Glasmedaillons nachweisen. Die Haarmasse dieser Medusenköpfe schmiegt sich allerdings nicht wie bei unserem Fläschchen, bei den gläsernen Doppelgesichtern und den auf Metallbeschlägen angebrachten Köpfen [Abb. 6] an das Gesichtsrund an, sondern flattert wirr geschlängelt zu den Seiten. Der Typus mit Stirnlocke, der offensichtlich in der frühen Kaiserzeit geprägt wurde, scheint jedoch keine große Verbreitung gefunden zu haben; vereinzelt lässt er sich in späterer Zeit abgewandelt zum Beispiel auf Sarkophagen nachweisen.

5
Padua.
Doppelgesichtiges
Glasfläschchen mit Medusengesicht.

Padua, Museo Civico Archeologico, Inv. 2482.

6
Angleur (Liège).
Metallbeschlag mit Maske
der Medusa.

Liège, Musée Curtius
(verschollen).

7
Trier, Moselstraße.
Bruchstück einer männ-
lichen Statuettenlampe.
RLM Trier, EV 1999,10 FNr. 15.

Eine weitere ins Auge fallende Besonderheit sind die grob gekerbten Bänder um den Fußteil und um den Kopf der Medusa [Abb. 2]. Auf
der Suche nach Parallelen wird man im Trierer Bereich auf Statuettenlampen aufmerksam, die einen jugendlichen Rennfahrer darstellen
[Abb. 7]. Die über die Schultern gelegten Riemen zeigen die gleiche der-
be Kerbverzierung wie die Bänder des Terra-sigillata-Fläschchens. Liegt
hier nur eine rein zufällige Übereinstimmung vor oder ein von einer
Werkstattgruppe bevorzugtes Muster? Diese Frage lässt sich beim jetzigen Kenntnisstand nicht beantworten.

Ikonographie

Das alles Übel abwehrende Antlitz der Medusa hat seit der archaischen
Zeit, dem 6. Jahrhundert v. Chr., eine große Rolle gespielt. Dem Grau-
en erregenden, fratzenhaften Bild der Archaik hat in klassischer Zeit,
dem 5. Jahrhundert v. Chr., der meisterhafte Bildhauer Phidias eben-
mäßige Züge verliehen, ohne jedoch die Kraft des Schrecklichen zu
nehmen. Seine Schöpfung hat alle folgenden Jahrhunderte bis in römische Zeit geprägt.

Darstellungen der Medusa sind im römischen Alltag allgegenwärtig;
wir finden sie an Bauten, in der Bildhauerkunst und vielen Gegenstän-
den des täglichen Lebens. Ihr zuweilen finsterer, Übel abwehrender
Blick half in jeder Lebenslage und sollte Menschen und Gegenstände
schützen.

Verwendung

Gläserne Fläschchen, sogenannte Balsamarien, die besonders im 1. Jahrhundert n. Chr. beliebt waren, dienten zur Aufbewahrung von wohlduftenden Essenzen und Ölen. Mit zwei ösenförmigen Henkeln versehen sind jedoch nur kleine kugelbauchige, zum Einfüllen von Salböl bestimmte Behälter, die nach ihren seit dem 6. Jahrhundert v. Chr. produzierten griechischen Vorbildern als Aryballoi bezeichnet werden. Die ösenförmigen Henkel, deren Schlaufe so gelegt ist, dass sie in den meisten Fällen den Kopfumriss eines Delphins nachbildet, waren zur Anbringung einer Aufhängung mittels Ring und Kette bestimmt. Diese ist vielfach erhalten.

Die Delphinhenkel des Terra-sigillata-Fläschchens von St. Matthias [Abb. 1], an denen ebenfalls eine Aufhängung angebracht werden konnte, haben sicherlich solche Aryballoi zum Vorbild. Auch das Medusenfläschchen konnte mit einer Aufhängungsvorrichtung versehen werden, wie die Durchbohrungen seitlich des Kalathos bezeugen.

Datierung

Eine zeitliche Eingrenzung der Trierer Medusa ist dadurch erschwert, dass sie als Einzelfund offensichtlich verlagert in dem modernen Kanalschacht zutage kam. Nur wenige Beobachtungen können für einen ungefähren zeitlichen Rahmen ausgewertet werden. Da sind zunächst die gläsernen Vorbilder, die in der 2. Hälfte des 1. Jahrhunderts bis ins 2. Jahrhundert in Umlauf waren. Eine Nachahmung erscheint nur sinnvoll, wenn solche Kopfgefäße noch in Mode waren und Käufer ansprachen.

Als einen weiteren möglichen Hinweis kann die konische Gestaltung des Fußteiles angesehen werden. Scheint sich doch der Töpfer an den in seinem Metier seit dem 2. Jahrhundert üblichen höheren konischen Fußformen orientiert zu haben, mit denen Terra-sigillata-Schälchen, Tassen und Becher nun versehen werden. Allerdings fehlt diesen eine vergleichbare Gliederung und Verzierung des Fußes.

Das mit Kerben verzierte Band am Fuß und um den Kopf lässt sich – wie oben gesagt – an Statuettenlampen des 2. Jahrhunderts feststellen [Abb. 7], doch bleibt die zeitliche Eingrenzung dieser Verzierung ungewiss.

Begutachtet man darüber hinaus den matt glänzenden hellrotbraunen Überzug näher, so muss man feststellen, dass dieser nicht den spiegelnden Glanz, die Dichte und kräftige Farbintensität der Terra-sigillata-Gefäße des 1. Jahrhunderts aufweist, wohl aber seine Entsprechungen an Exemplaren des 2. Jahrhunderts findet. Im Laufe dieses Zeitraumes wird man aufgrund der angeführten Argumente eine Herstellung des Fläschchens annehmen dürfen.

Herstellung

Das Terra-sigillata-Fläschchen [Abb. 2] wurde wie die Lampen und Terrakotten aus einer zweiteiligen Form hergestellt. Zunächst musste der Töpfer ein Urmodell, eine Patrize, anfertigen. Diese konnte frei aus Gips, Wachs oder Ton modelliert werden.

In unserem Fall wählte der Töpfer jedoch eine andere Vorgehensweise. Auf der Töpferscheibe drehte er einen leicht gewölbten Gefäßkörper mit niedrigem Fuß und kurzem Hals. Zuvor hatte er die Medusengesichter von einem sicherlich metallischem Beschlag oder Medaillon abgeformt, die er an den Gefäßkörper applizierte. Bei diesem Arbeitsgang ist ihm jedoch der Fehler unterlaufen, dass er den Kopf der Seite A [Abb. 2a] etwas schief gegen den Fuß setzte, sodass das Gesicht nicht lotgerecht ist.

Dass das Vorbild ein Beschlag oder Medaillon war, zeigt sich bei Betrachtung der Seitenansichten [Abb. 2c-d]. Heben sich doch die Gesichter im Profil verhältnismäßig flach ab, ganz im Gegensatz zu Gesichtskrügen, deren Köpfe sich vollplastisch vorwölben. Den Zwischenraum zwischen den wenig tiefen Gesichtern füllte der Töpfer geschickt durch die breite Rahmung und das auf dem Kopf liegende gekerbte Band aus. Abschließend wurden Einzelheiten noch überarbeitet.

Nach Fertigstellung dieses Urmodells (Patrize) konnte der Töpfer nun die Anfertigung der beiden Formhälften (Matrizen) in Angriff nehmen. Zunächst ummantelte er eine Seite mit Ton und ließ die Hülle lederhart trocknen. Erst nach dieser Wartezeit fertigte er die Gegenseite an. Sicherlich wird er an den Formrändern Markierungen oder Zapfen angebracht haben, um ein passgerechtes Ansetzen der Formen zu ermöglichen.

Von einer solchen Patrize konnten viele Formen genommen werden. Jedoch ließ die Reliefschärfe des Urmodells mit zunehmender Anzahl nach und damit auch die Qualität der Formen (Matrizen) und deren Ausformungen. Bei der Erstellung von Zwischenmodellen, von denen man wiederum Formen, Matrizen, nehmen konnte, ist mit einem Größenschwund aufgrund des Schrumpfungsprozesses beim Trocknen und Brennen zu rechnen. Um qualitätvolle Ausformungen zu erhalten, musste der gut aufbereitete, in Platten geschnittene Ton mit großer Sorgfalt geglättet werden, um dann mit gleichmäßigem, kräftigen Druck in die Formhälften gepresst zu werden. Mehrmaliges Pressen konnte zu Verrutschungen, Fehlern und Missbildungen führen.

Die zum Teil unscharfen, verwaschenen Einzelheiten und die Tonbatzen unseres Exemplars bezeugen, dass die Ausformung etwas sorglos erfolgte, beziehungsweise dass die Form durch häufige Benutzung wohl leichte Schäden aufwies. Sicherlich ist damit zu rechnen, dass besser ausgeprägte Fläschchen vorhanden waren. Die Suche nach formgleichen Stücken blieb bisher erfolglos.

Abschließend sei noch die Frage nach dem Herstellungsort gestellt. Könnte dieser vielleicht Trier gewesen sein? Die bemerkenswerte Doppelmatrizen-Technik des Medusenfläschchens wurde besonders von den Trierer Werkstätten sowohl bei der Herstellung von Terrakotten als auch Lampen in ungebrochener Tradition bis ins 4. Jahrhundert n. Chr. angewandt, wobei die Töpfer eine beachtenswerte Experimentierfreudigkeit zeigen – es sei wiederum an die Statuettenlampen des 2. Jahrhunderts erinnert [**Abb. 7**]. Ab dem 3. Jahrhundert setzten sie diese Technik auch bei der Anfertigung von Gesichtskrügen ein. Eine endgültige Klärung der Lokalisierung der Werkstatt könnte jedoch erst eine Tonanalyse erbringen. Die Vorstellung des Trierer Medusenfläschchens versteht sich als Anregung, weitere formgleiche Stücke und eventuell auch das Vorbild ausfindig zu machen.

Für Hinweise und Hilfe sei den Kollegen Sabine Faust (Trier), Constanze Höpken (Köln) und Bernd Liesen (Xanten) herzlich gedankt.

Literatur
Terra-sigillata-Fläschchen, RLM Trier [**Abb. 1**]:
S. Loeschcke, Römische Gefäße aus Bronze, Glas und Ton im Provinzialmuseum Trier. Trierer Zeitschrift 3, 1928, 73 Taf. IV A 6. – K. Goethert-Polaschek, Katalog der römischen Lampen des Rheinischen Landesmuseums Trier. Bildlampen und Sonderformen. Trierer Grabungen und Forschungen 15 (Mainz 1985) 307 Grab 136 Taf. 11.

Grabung Hohenzollernstaße:
K. Goethert-Polaschek, Spätantike Glasfabrikation in Trier. Funde aus dem Töpfereiviertel und an der Hohenzollernstraße. Trierer Zeitschrift 73/74, 2010/11, 67-146.

Medusenfläschchen aus Glas:
K. Goethert-Polaschek, Katalog der römischen Gläser des Rheinischen Landesmuseums. Trierer Grabungen und Forschungen 9 (Mainz 1977) 257 Kat. 1531 Taf. 79. – E. M. Stern, The Toledo Museum of Art. Roman mold-blown glass (Toledo 1995) 206-209; 223 f. Nr. 142. – A. v. Saldern, Antikes Glas. Handbuch der Archäologie (München 2004) 295 f. Taf. 41, 248 (Padua). – Römisches Padua. Ausstellungskatalog. Hrsg. von H. Hiller/G. Zampieri (Rubano 2002) 106 Abb. 11; 190 Nr. 128 (gesamter Grabfund).

Aryballoi aus Glas:
Goethert-Polaschek 1977, 227-230 Taf. 73. – Saldern 2004, 509 f. Taf. 62, 391 (mit Kette).

Ikonographie:
W. H. Roscher, Ausführliches Lexikon der griechischen und römischen Mythologie I 2 (Leipzig 1886-1890) 1710-1727 s. v. Gorgonen. – Lexicon iconographicum mythologiae classicae IV 1 (München 1988) 345-362 s. v. Gorgones Romanae; IV 2, 195-207; 203 Nr. 115 (Glasfläschchen, Köln), Nr. 117 (Glasmedaillon mit Stirnlocke); 206 Nr. 158 (Medusa mit Stirnlocke, Sarkophag).

Glasmedaillons mit Medusa:
A. Alföldi, Zu den Glasmedaillons der militärischen Auszeichnungen aus der Zeit des Tiberius. Urschweiz 21, 1957, 90 f. Nr. 1-5 Taf. 2; 3,1. – Saldern 2004, 192 ff.

Metallbeschläge mit Medusa (Beispiele):
H. Menzel, Die römischen Bronzen aus Deutschland II. Trier (Mainz 1966) 54 Nr. 113 Taf. 49. – G. Faider-Feytmans, Les bronzes romains de Belgique (Mainz 1979) 112 f. Nr. 169-172 Taf. 71 f. S. 190 Nr. 388.9.

Statuettenlampen und -leuchter:
K. Goethert, Die figürlichen Lampen, Statuettenlampen und Lampenfüller aus Ton nebst Kerzenhalter im Rheinischen Landesmuseum Trier. Trierer Zeitschrift 54, 1991, 175; 177 Abb. 29-30. – S. Faust, Zu einer Gruppe römischer Figurenlampen und Leuchter aus Trier. Trierer Zeitschrift 58, 1995, 199-210. – K. Goethert, Römische Lampen und Leuchter. Auswahlkatalog des Rheinischen Landesmuseums Trier. Schriftenreihe des Rheinischen Landesmuseums Trier 14 (Trier 1997) 138-145. – St. F. Pfahl, Trier - Moselstraße CINEMAXX. Funde und Ausgrabungen im Bezirk Trier 31, 1999, 66 f. Nr. 6.

Kopfgefäße aus Ton:
Enciclopedia dell'arte antica classica e orientale. Atlante delle forme ceramiche I (Roma 1981) Taf. 89-91; 151-153. – F. Dövener, Die Gesichtskrüge der römischen Nordwestprovinzen. BAR International Series 870 (Oxford 2000) 71-89 (zu den Trierer Krügen); 147-150. – D. Gabler/A. Márton, Römische Kopfgefäße und eine Weinkanne mit Kopfmündung im Museum der bildenden Künste von Budapest. Rei Cretariae Romanae Fautorum acta 40, 2008, 163-172.

Zur Herstellung:
B. Hoffmann, Die Rolle handwerklicher Verfahren bei der Formgebung reliefverzierter Terra Sigillata (Diss., München 1983) 14 f. (zu Fehlern und Missbildungen); 32 f. (zu Ausformung und Fehlern). – Goethert 1997, 16 f. Abb. 4. – Dövener 2000, 15-17. – M. K. N. Weidner, Matrizen und Patrizen aus dem römischen Trier. Untersuchungen zu einteiligen keramischen Werkstattformen. Trierer Zeitschrift, Beiheft 32 (Trier 2009) 14-15.

Abbildungsnachweis
Abb. 1-2; 4; 7 Th. Zühmer, RLM Trier.
Abb. 3a-b nach: Goethert 2010/11, 76 Abb. 7; 78 Abb. 8.
Abb. 5 nach: Römisches Padua 2002, 106 Abb. 11.
Abb. 6 nach: Faider-Feytmans 1979 Taf. 180.

Der Silvanus von Fell, Kreis Trier-Saarburg

Klaus-Peter Goethert

Dokumentation zur Rekonstruktion des Götterbildes

Mit einem Beitrag von Frank Schneider

Eine Statue des Waldgottes Silvanus war Ziel frommer Verehrung in der Cella eines Umgangstempels [**Abb. 1**], der einst eine Bergkuppe zwischen Lorscheid und Fell – den Burgkopf – krönte. Mit der Beendigung dieser Verehrung ging die Zerstörung der Statue einher: Sie wurde zerschlagen. Ob dies aus aggressiver Verfolgung des alten Glaubens geschah oder nur zur Materialbeschaffung, soll weiter unten erörtert werden. Der lange Weg zur Wiedergewinnung der Erscheinungsform dieses Götterbildes ist mit der Redewendung „Es wächst zusammen, was zusammengehört" zu beschreiben.

Die erste Erwähnung seiner Existenz findet man im Archiv der Gesellschaft für Nützliche Forschungen (1840, 58). Es handelt sich um ein an den Sekretär der Gesellschaft, Nikolaus Druckenmüller, gerichtetes Schreiben, das der damals für die Region zuständige Oberförster Baden einem Fuhrman mitgegeben hatte:

> „Durch Bringer dieses sende ich Ihnen einen vor einigen Tagen in der Nähe von Lorscheid ausgegrabenen Stein mit nicht schlechter Bildhauerarbeit verziert. Der Fundort so wie die gleichzeitigen hier vorfindlichen Bruchstücke von Mauern und Römerziegeln lassen vermuten, daß diese Arbeit den Römern zuzuschreiben ist. Über alles werde ich später Bericht zu erstellen die Ehre haben. Der Fuhrlohn ist berechtigt, nur bitte ich dem Fuhrmann eine Bescheinigung über die richtige Ablieferung geben zu wollen.
> Mit vollkommenster Hochachtung
> Euer Wohlgeboren
> ganz ergebenster
> Baden"

Die Bildhauerarbeit gelangte auf diesem Weg in den Besitz der Gesellschaft. Der angekündigte Bericht liegt bedauerlicherweise nicht vor.

Die nächste Nachricht folgt in dem leider ungedruckten Werk Philipp Schmitts über den Landkreis Trier von 1856. Nach einer kurzen Beschreibung der Mauerreste am Fundplatz führt er aus: *„Oberförster Baden ließ 1840 hier graben und fand den Tafel … Fig. … [Zeichnung nicht mehr dabei] nun in der Porta Nigra aufgestellten Johannisberger Stein. Er ist von vorn abgebrochen und auf einer Seite flach gehauen, so daß er wahrscheinlich als Fundamentstein gedient hat und vielleicht nie an dieser Stelle aufgerichtet stand. Derselbe stellte ursprünglich einen neben einem Baume stehenden Menschen vor, hinter welchen ein Eber lief. Zwischen dem Eber und dem Mann liegt ein Tier, welches große Tatzen hatte und wahrscheinlich ein Bär war."*

1
Fell, „Burgkopf".
Tempelbezirk.
↙ Fundort der Statuenfragmente.

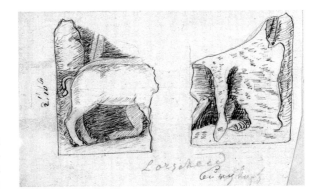

2

*Zeichnung des 1840 der Gesell-
schaft für Nützliche Forschungen
überstellten Statuenrestes.*

3

*Fell. Silvanus.
Die ältesten Fotos des Fragmentes,
um 1890.*

RLM Trier, Inv. G 37h.

Schmitt hielt die Mauern – seinerzeit allgemeine Überzeugung –
für mittelalterlich; daher auch der Name Burgkopf. Tatsächlich sind
alle baulichen Reste, wie schon Oberförster Baden richtig urteilte, römisch. Dies bestätigen alle neueren Grabungen. Auch die Herkunft des
Steinmaterials ist unrichtig, es stammt nicht vom Mont St. Jean (Jo-
hannisberg) in Luxemburg und ist kein Sandstein, sondern sogenann-
ter Jurakalkstein und wurde an der Obermosel in der Region Norroy-
lès-Pont-à-Mousson/Roncourt/Maizières-lès-Metz gewonnen. Die von
Schmitt erwähnte Abbildung ist – wie der ganze Tafelteil des Werkes –
verschollen, doch kann vermutet werden, dass eine kleine Zeichnung,
zweifellos aus dem 19. Jahrhundert, in den Ortsakten des Rheinischen
Landesmuseums Trier als diese vermisste Abbildung gelten kann [**Abb.
2**]. Ein Nachweis lässt sich allerdings nicht führen.

Felix Hettner deutete 1893 – ohne den Fundort, das Heiligtum, als
solches erkannt zu haben – dieses Fragment als Rest einer Statue des
Silvanus [**Abb. 3**]. Zu Recht führt er als Begründung zwei inschriftlich
als Silvanus bezeugte Statuen aus Xanten und Ramsen an. Die beiden
Denkmäler ergänzen sich gegenseitig in der Aussage: Die Statue aus
Xanten, damals in Privatbesitz, heute im LVR-Römermuseum Xanten
ausgestellt (Reuter 2013), zeigt den Gott von einem Bär begleitet, die
aus Ramsen in der Südpfalz, heute im Historischen Museum der Pfalz
Speyer (Espérandieu 1922), von zwei Wildschweinen.

4

*Fell. Silvanus.
Die 1932 entdeckte rechte Hand.*

RLM Trier, Inv. 1932,200.

Paul Steiner gelang es 1933, diese Interpretation zu sichern. Ein Neufund, den er im Jahresbericht für das Jahr 1932 erwähnt, erweckte seine Aufmerksamkeit: „Ein nach Schätzen suchender Erwerbsloser fand eine Mauer und dabei im Schutt eine gut erhaltene rechte Hand von einer Götterstatue aus Jurakalk". Die Übergabe dieses Fundes veranlasste eine Notgrabung; der Baurest wurde als Tempel erkannt. Steiner sah, dass die Hand ein Hiebmesser gehalten hat – ein typisches Attribut des Silvanus [Abb. 4]. Er fügte die von Hettner veröffentlichte Beinpartie und den Neufund zusammen und legte eine erste Rekonstruktion vor [Abb. 5]. Sie verdeutlicht die schon bekannte Beobachtung, dass der Waldgott von zwei Tieren begleitet ist, einem nach links gewandten Keiler, der hinter ihm steht, und einem Bären, dessen Körper und Hintertatze hinter seinem rechten Bein beziehungsweise zwischen den Beinen sichtbar sind (Steiner 1933).

Weitere Notgrabungen wurden 1980/81 erforderlich. Bei dieser Maßnahme bargen die Ausgräber aus demselben Tempel eine große Menge bearbeiteter Kalksteinstücke (EV 1980,33 FNr. 3). Wolfgang Binsfeld stellte 1983 den Kopf des Gottes [Abb. 6a], ein Bruchstück des Oberkörpers, das er für den Rest der Vorderseite hielt [Abb. 6b], eine Baumkrone [Abb. 6c], den Kopf des Keilers [Abb. 6d] sowie zwei Bruchstücke des rechten Beines, nämlich die Fußspitze mit einem Teil der Standplatte und ein Stück des Unterschenkels, die angepasst werden konnten [Abb. 6e], in Wort und Bild vor. Dieser Kenntnisstand wurde in einer Rekonstruktionszeichnung [Abb. 7] zusammengefasst (Binsfeld 1983).

5
*Fell. Silvanus.
Rekonstruktionszeichnung
von Paul Steiner, 1933.*

6

Fell. Silvanus. a Kopf des Silvanus. b Oberkörperfragment. c Rückseite der Baumkrone. d Kopf des ‚Keilers'. e Vorderseite der Beinpartie der Statue mit angestücktem rechtem Bein.

RLM Trier, EV 1980,33.

7
*Fell. Silvanus.
Rekonstruktionszeichnung
von Paul Steiner, ergänzt von
Wendt Kuschmann, 1983.*

8
*Fell. Silvanus.
Oberkörperfragment mit Anfügung der Bruchstücke.*
a *Vorderseite mit rechter Schulter und Ansatz der Sichel (vgl. Abb. 5).*
b *Rückseite mit Faltenverlauf des Schultermantels.*

a

b

9
*Fell. Silvanus.
Unterer Teil der Statue.*
a *Nach Anfügung des linken Beines und des Bärenkopfes (vgl. Abb. 6d).*
b *Rückseite mit Fortsetzung des Verlaufs der Mantelfalten am Oberkörper (vgl. Abb. 8b).*

a

b

10
*Fell. Silvanus.
Rekonstruktionszeichnung von Lambert Dahm, 1986.*

　　　Während der Räumarbeiten, die 1985 beim Umzug der Magazine des Rheinischen Landesmuseums vorgenommen wurden, nahm der Verfasser eine erneute Sichtung der Fundstücke vor. Es gelang, einige Fragmente an das Oberkörperbruchstück anzupassen. Daraus ergab sich, dass die erhaltenen Gewandreste nicht der Vorderseite, sondern der Rückseite zuzuweisen sind, denn eine Schulter mit dem Ansatz von Hals und Oberarm konnte Bruch an Bruch angefügt werden: Es ist die rechte Schulter [**Abb. 8a-b**]. An der Vorderseite ist noch die Bruchstelle des Sichelmessers am Oberarm erhalten. Die linke Faltengruppe an der Rückseite – vom Mantel – setzt sich fort auf dem Beinfragment und endet bei der Rückenborste des Keilers [**Abb. 9b**]. Des Weiteren fand sich der linke Unterschenkel, der mit dem bereits genannten Tierkopffragment zusammen dem Bestand zugeführt wurde (und zwar 1986, nicht 1980, wie im Steindenkmälerkatalog vermerkt). Jetzt war sicher, dass es sich nicht um den Kopf des Keilers, sondern um den des Bären handelt [**Abb. 9a**]. Der Kopf ließ sich nämlich, wie auch das Bein, Bruch an Bruch anfügen, ebenso ein Teil des Baumstammes. Diese Erkenntnisse legte Binsfeld mit einer neuen Ergänzungszeichnung vor (Binsfeld/Goethert-Polaschek/Schwinden 1988) [**Abb. 10**]. Wirklich unsicher blieb allein die kompositorische Verbindung von Statue und Baumkrone. Binsfeld schilderte das Dilemma: „Sollte der runde Ansatz am Fragment mit den Blättern [hier **Abb. 6c**, rechts unterhalb der Blätter] zur linken Schulter gehören, stünde der Blätterbusch in Höhe des Kopfes;

11
Fell. Silvanus.
Anfügung der neuentdeckten
Teile der linken Schulter und des
Oberarmes an das Baumkronen-
Fragment.
Ansicht der Vorderseite
(vgl. Abb. 6c).

stammt er aber vom linken Arm, führt dieser an die Baumkrone". Die Textabbildung im Steindenkmälerkatalog gibt die letztgenannte Variante wieder. Sie zeigt die Blätterkrone unterhalb der Schulter. Die Beschreibung Binsfelds weist darauf hin, dass die Bildhauerarbeit als Fragment der Rückseite gesichert ist.

Als der Bildhauer Frank Schneider (Saarbrücken), der schon mit der einfühlsamen Wiederherstellung des Merkur von Tawern auf sich aufmerksam gemacht hatte, von der Gemeinde Fell beauftragt wurde, eine ergänzte Kopie des Silvanus herzustellen, bat Sabine Faust den Verfasser, diese Arbeit zu begleiten. Erneut wurde der Steinschrott einer Sichtung unterzogen, wieder mit Erfolg: Zwei Steinsplitter konnten an den „runden Ansatz" am Baumfragment Bruch an Bruch angepasst werden [Abb. 11]. Sie zeigen drei Faltenrücken. Links erkennt man zunächst den Rest der Vorderseite der äußeren Gewandfalte (**a**), die vom Rücken her kommend den Umschlag des Kleidungsstückes quer über die Brust begleitet. Die Richtung ist eindeutig durch den Verlauf des Faltentales nach links bestimmt. Rechts schließt ein weiterer Faltenrücken (**b**) an, der durch ein weiteres, fast senkrecht fallendes Faltental begrenzt ist. Ein dritter Faltenrücken (**c**) folgt, vielleicht auch noch ein vierter; doch ist die Oberfläche des Steines für eine genaue Aussage zu zerstört. Diese Falten halfen, den bis dahin zwar als Mantel erkannten, aber zusammenhanglosen Faltenschwung zwischen Körper und Baumstamm (deutlich sichtbar unterhalb der ergänzten linken Hand des Gottes auf Abb. 10) und die drei senkrechten Falten an der Rückseite an derselben Stelle kompositorisch zu erklären: Neben der gegürteten Tunika trug Silvanus einen Mantel, der auf der Schulter und dem Oberarm als Bausch auflag und an der linken Körperseite herabhing, ähnlich etwa der Statue des Jupiter im Madrider Prado Museum [Abb. 12]. Mit der Anpassung ist das Verhältnis von Statue und Baum geklärt. Der Gott streckte seinen Oberarm unterhalb der Blätterkrone durch eine Astgabel, die gut auf Abb. 6c zu erkennen ist. Der Berührungspunkt von Körper und Baum liegt in der Höhe der Spitze des auf den Oberarm übergreifenden Schultermuskels.

12
Jupiter mit Schulterbauschmantel.
Madrid, Museo del Prado,
Inv. 5 E.

Eine verwandte Verbindung von Gottheit und Baum zeigt ein kleines Weiherelief in Rom. Silvana, die Gefährtin des Silvanus, der links neben ihr stand, greift von hinten durch die Baumkrone und umfasst mit der linken Hand einen Ast [Abb. 13]. Die Hand des Feller Götterbildes ist wohl nach diesem Vorbild zu ergänzen.

Damit ist die Gesamterscheinung vervollständigt. Frank Schneider war in der Lage, eine authentische Kopie der Statue zu erstellen [Abb. 14]. Unsicher bleibt allein die Kopfhaltung im Detail, denn Neigung und Drehung sind aufgrund des fehlenden Halses nicht festzustellen, doch ist der Spielraum gering. Die Komposition des Feller Silvanus-Kultbildes kann jetzt als gesichert gelten.

Silvanus steht mit rechtem Standbein und linkem Spielbein fest auf dem Boden. Seine Zehen sind nicht ausgearbeitet. Er hatte wohl Schuhe oder Stiefel an den Füßen, deren genaue Form bildhauerisch allerdings nicht weiter kenntlich gemacht ist. Er trägt ferner eine gegürtete Tunika, die die rechte Schulter frei lässt. Die Gürtung lässt sich aus den Falten an der Rückseite erschließen, sie laufen unten aufeinander zu. Dem antiken Bildhauer war also das traditionelle Bildschema bekannt. Danach war der Gürtel auch meist nicht sichtbar, da der Stoff über ihn herausgezogen war und ihn mit einem Bausch überdeckte. In einigen Fällen, so auch bei der erwähnten Statue in Xanten, wird ein zweiter Gürtel über dem Gewand getragen. Dieses Motiv wurde bei der Ergänzung des Stückes aus Fell nicht übernommen; die Wahl fiel auf die allgemeinere Form. Dieses Kleidungsstück benennt der Archäologe mit dem griechischen Wort „exomis", was so viel wie „schulterfrei" bedeutet. Es ist eine Arbeitertracht, die zum Beispiel dem Schmiedegott Hephaistos/Vulcanus eigen ist. Dazu gehört der erwähnte Mantel auf der linken Schulter. Die rechte Hand ist gesenkt und hält ein Hiebmesser, die linke greift durch das Geäst des zu seiner Linken stehenden Baumes und fasst nach oben in die Krone oder nach unten an den Stamm. In der Rekonstruktion wurde die erste Möglichkeit unter Bezug auf das oben genannte Relief umgesetzt. Durch eingestreute Eicheln ist der Baum als Eiche gekennzeichnet, was an der Blattform nicht zu erkennen ist. Der Augenform nach zu urteilen war der Blick des bärtigen, mit lockigem Haar umgebenen Kopfes gehoben.

Hinter dem Gott steht nach links gewandt ein Keiler und ruht nach rechts ein Bär. Die Gestalt ist eine merkwürdige Mischung aus Freiplastik und Relief, was Steiner bei seiner Besprechung veranlasste, von einer ‚Reliefstatue' zu sprechen. Die optische Täuschung entsteht, weil der Bildhauer es vermied, die Abstände zwischen den Beinen sowie Körper und Baumstamm aufzubrechen. Er schloss sie mit den Tieren und dem Mantel. Entsprechend dieser reliefähnlichen Erscheinungsform ist die Standplatte, auf der die Füße ruhen, von vorn nach hinten ansteigend gestaltet. Die einfache Oberflächengestaltung erfordert eine farbige Fassung. Auch diese hat Schneider erarbeitet (Anhang).

Bemerkenswerterweise ist die Vorderseite der Statue stärker zerstört als ihre Rückseite: Die Rückseite der Beinpartie ist fast unbeschädigt überkommen, die Beine jedoch und der Bärenkopf wurden vorn abgeschlagen. Ebenso erging es dem Oberkörper: die Vorderseite ist verstümmelt, die Faltenpartien der Rückseite gut erhalten. Gleiches gilt für die Baumkrone – die Rückseite zeigt die Bildhauerarbeit in aller Deutlichkeit, die zertrümmerte Vorderseite konnte nicht identifiziert werden. Folglich lag die Skulptur bei der Zerstörung auf dem Rücken. Hier wurde offensichtlich ein heidnisches Götterbild vernichtet: Es wurde umgestoßen, enthauptet und verstümmelt. Dies dürfte in den Jahren nach 388 – das Prägedatum der jüngsten aufgefundenen Münze – geschehen sein, nachdem der Tempel nach Ausweis der Münzen während der Regierungszeit des Kaisers Julian, der sich wieder für die heidnischen Kulte einsetzte, renoviert worden war. Damals, zwischen 355 und 360, wurde der Umgang erneuert oder sogar erst errichtet.

14
Fell. Silvanus. Vervollständigte und farbig gefasste Kopie von Frank Schneider, 2015.

15
Vergleich der Augenpartien.
a *Trier, Friedrich-Wilhelm-
Straße. Togatus.*
RLM Trier, Inv. ST 2076.
b *Fell. Silvanus.*

16
Silvanus (CIL VI 3712=31180).
Rom, Musei Capitolini, Inv. 1208.

Binsfeld vermutete, dass das Götterbild um 150 n. Chr. oder wenig später geschaffen wurde. Nach intensivem Studium der vom Bildhauer bearbeiteten Oberflächen scheint ein deutlich früheres Datum, das bereits Steiner vorgeschlagen hat (Anfang des 2. Jahrhunderts n. Chr.), nicht ausgeschlossen, denn die Stilstufe des Neumagener Grabmals des Albinius Asper (um 140 n. Chr.) ist noch nicht erreicht: Die Haare des Gottes sind plastischer und weniger linear gestaltet, Gleiches gilt für seine Augenpartie, deren Gestaltung Binsfeld zu seinem Urteil führte. Es sei hervorgehoben, dass die Augengestaltung weniger mit der des fortgeschrittenen 2. Jahrhunderts korrespondiert, sondern vielmehr noch die des 1. Jahrhunderts zeigt. Man vergleiche die Augenpartie des Togatus am Relief aus der Friedrich-Wilhelm-Straße in Trier [**Abb. 15**]: Die Iris ist von einem Kreis umgeben und oben abgeschrägt. Das Relief gehört sicherlich noch ins 1. Jahrhundert n. Chr. Eine genauere Aussage zum Entstehungszeitraum fällt schwer, da es in Trier und seiner Umgebung für die in Frage kommende Periode an besser datierbaren Denkmälern mangelt. Unabhängig vom Stil der Figuren ist am Ende des 1. Jahrhunderts nur der Ehrenbogen aus der Bollwerkstraße in Trier einzuordnen. Er ist bald nach 70 n. Chr. aufgestellt worden. Bis zum Denkmal des Albinius Asper klafft eine Informationslücke. Aber gerade aus diesem immerhin 70 Jahre langen Zeitabschnitt stammt der Silvanus. Die Erbauungszeit des Tempels könnte weiterhelfen, denn die Figur gehört zweifellos zur Erstausstattung, aber die Informationen hinsichtlich seiner Errichtung sind zu spärlich, um über die Aussage „2. Jahrhundert n. Chr." hinauszukommen. So muss es offen bleiben, ob das Götterbild noch im 1. Jahrhundert gemeißelt wurde oder in den ersten Jahren des 2. Jahrhunderts.

Der lateinische Name des Gottes ist zweimal in der Provinz *Gallia Belgica* durch Inschriften überliefert – die eine aus dem Heiligtum bei Gérouville und die andere aus Metz. Leider ist erstgenannte Inschrift umstritten. Sie wird auch als Fälschung des 19. Jahrhunderts angesehen. Eine dritte, die ebenfalls der *Belgica* zugewiesen wurde, ist aus der Liste zu streichen: Sie stammt aus *Augusta Raurica* und folglich aus Obergermanien. Der keltische Name des Gottes ist in der hiesigen Region wohl Sinquas (Dorcey 1992).

Der italische Namensträger unterscheidet sich in der Darstellung deutlich von der hier vorgestellten keltischen Version [**Abb. 16**]. Er ist stets bis auf ein Ziegenfell, das meist den linken Arm und die Schulter bedeckt, nackt. Im Bausch dieses ‚Mantels' birgt er Feldfrüchte und Pinienzapfen. Auf dem Kopf trägt er einen Pinienkranz, die Füße stecken in Ziegenfellstiefeln, sein Begleiter ist ein Hund, sein Baum eine Pinie. Das einzige gemeinsame Attribut ist die Sichel, durch die der Fund aus Fell benannt werden kann. Der italische Gott ist Hüter des (kultivierten) Waldes und der Landwirtschaft, seine keltische Form ist – wie die Begleittiere zeigen – stärker mit der Wildnis verbunden. Seine Handwerkertunika ist wahrscheinlich vom Schlegelgott Sucellus übernommen, mit dem er in der *Gallia Narbonensis* und der *Germania Superior* identifiziert wurde.

Anhang: Zur Farbgestaltung des Feller Silvanus

Da keine farbige Silvanusdarstellung überliefert ist, habe ich mich bei der Rekonstruktion dazu entschlossen, die Farbgestaltung aus dem Inhalt und der Komposition des Kultbildes zu entwickeln [Abb. 14].

Durch die Präsenz der beiden Tiere und des Baumes war klar, dass der Farbe Braun das Hauptgewicht im Farbklang zukommen müsste. Dies war inhaltlich vorgegeben. Aus der Erfahrung früherer Arbeiten und durch Anschauung erhaltener römischer Malereien kenne ich das rötlich-braune Erdpigment ‚gebrannt Siena' als Grundfarbe für menschlichen Hautton sowie dessen harmonisierende Wirkung auf die farbige Gesamterscheinung. Daher wurde gebrannt Siena als Basisfarbe sowohl für Silvanus' Hautton als auch für die Brauntöne genommen. Jetzt musste für die drei „Figuren" Keiler, Bär, Baum jeweils ein charakteristischer Braunton festgelegt werden. Ausgegangen wurde von den Tieren. Keiler und Bär sind durch den Gegensatz von Schwarzbraun für den Keiler und Rotbraun für den Bären gut gekennzeichnet. Für den Baumstamm wurde ein gelbliches Braun gewählt. Auf diese Weise sind die drei Figuren farbig durch eine Brauntrias repräsentiert. Die Farben für die Kleidung des Gottes wurden durch Mischungen der Brauntöne hergestellt, die Farbe für Stiefel und Mantel durch die Mischung der Farben von Baum und Bär, die Farbe der Tunika durch Mischung der Farben von Baum und Keiler. Außerdem enthält der Hautton des Silvanus das nur durch Weiß aufgehellte Pigment gebrannt Siena in seiner reinsten Form.

So war ein beziehungsreiches und harmonisches Kolorit gewährleistet, welches das komplexe Beziehungsgefüge der vier Figuren untereinander verdeutlicht. Dem Gott Silvanus kommt als zentraler Figur koloristisch insofern eine Sonderstellung zu, als er die Farben der drei anderen in sich aufnimmt. Diese Farbrekonstruktion ist ein hoffentlich überzeugender Versuch, der Komplexität dieser qualitätvollen provinzialrömischen Vierfigurengruppe gerecht zu werden.

Aufbewahrungsort der von der Gemeinde Fell beauftragten farbigen Rekonstruktion der Silvanus-Statue: Restaurant „Zum Winzerkeller", Fell.

Frank Schneider

Literatur

Zum Kultbild aus Fell:

F. Hettner, Die römischen Steindenkmäler des Provinzialmuseums zu Trier (Trier 1893) 53 Nr. 81. – P. Steiner, Eine Silvanus-Kultstätte auf dem „Burgkopf" bei Fell. Trierer Zeitschrift 8, 1933, 74-78. – W. Binsfeld, Der Silvanus von Fell. Funde und Ausgrabungen im Bezirk Trier 15, 1983, 15-19. – W. Binsfeld/K. Goethert-Polaschek/L. Schwinden, Katalog der römischen Steindenkmäler des Rheinischen Landesmuseums Trier. Trierer Grabungen und Forschungen 12,1 (Mainz 1988) 152-153 Nr. 314 (W. Binsfeld).

Zur Statue aus Xanten:

M. Reuter, Legio XXX Ulpia Victrix. Ihre Geschichte, ihre Soldaten, ihre Denkmäler. Xantener Berichte 23 (Mainz 2013) 99 f. Nr. 51.

Zur Statue aus Ramsen:

E. Espérandieu, Recueil général des bas-reliefs de la Gaule romaine VIII (Paris 1922) Nr. 6072. – F. Sprater, Ein Silvanusdenkmal von Neuhofen. Pfälzer Heimat 2, 1951, 26-27.

Zur Datierung des Zeitstils:

K. Goethert, Kaiser, Prinzen, Prominente Bürger. Römische Bildniskunst des 1. und 2. Jahrhunderts n. Chr. im Rheinischen Landesmuseum Trier. Schriftenreihe des Rheinischen Landesmuseums 25 (Trier 2002) 36-45.

Zur Datierung des Tempels von Fell:

K.-J. Gilles, Ein römisches Bergheiligtum auf dem Burgkopf bei Fell. Funde und Ausgrabungen im Bezirk Trier 15, 1983, 11. – M. Ghetta, Spätantikes Heidentum. Trier und das Trevererland (Trier 2008) 293-295.

Zu den Gottheiten Silvanus/Sinquas und Silvana: P. F. Dorcey, The cult of Silvanus (Leiden 1992) 61. – A. M. Nagy, Silvanus. LIMC VII (1994) 1, 763-773; 2, 550-560. – A. M. Nagy, Silvana. LIMC VIII (1997) 1, 1133-1135; 2, 783-784.

Abkürzungen

CIL   Corpus inscriptionum Latinarum I ff. (Berlin 1863 ff.).
LIMC   Lexicon iconographicum mythologiae classicae I-VIII (Zürich 1981-1997).

Abbildungsnachweis

Abb. 1 nach: Trierer Zeitschrift 50, 1987, 219.
Abb. 2 RLM Trier, Ortsakte Fell 6.
Abb. 3 RLM Trier, Foto C 5792; C 579.
Abb. 4 RLM Trier, Foto C 5725.
Abb. 5 nach: Steiner 1933, 75 Abb. 4.
Abb. 6 H. Thörnig, RLM Trier, Fotos **a** RE 1981,695/2. **b** RE 1983,44. **c** RE 1982,247. **d** RE 1982,248. **e** RE 1982,245.
Abb. 7 nach: Binsfeld 1983, 19 Abb. 7.
Abb. 8 H. Thörnig, RLM Trier, Foto RE 1986,203/10.12.
Abb. 9 H. Thörnig, RLM Trier, Foto RE 1986,203/01.08.
Abb. 10 nach: Binsfeld/Goethert-Polaschek/Schwinden 1988, 153 Abb. 9.
Abb. 11 Th. Zühmer, RLM Trier.
Abb. 12 nach: F. de Clarac, Musée de sculpture antique et moderne. Statues antiques des musées de l'Europe III (Paris 1832-1834) Taf. 410 G, Nr. 684 E.
Abb. 13 nach: LIMC VIII 2, 784 Silvana 11.
Abb. 14 F. Schneider, Saarbrücken.
Abb. 15a Th. Zühmer, RLM Trier, Foto RE 2001,36/10.
Abb. 15b H. Thörnig, RLM Trier, Foto RE 1981,695/2.
Abb. 16 nach: www.forumtraiani.de [08.07.2016].

Brandspuren an der Porta Nigra in Trier Hartwig Löhr

Mit einem Hinweis auf weitere Brandspuren im römischen Trier

1
Trier.
Porta Nigra, Feldseite.

Die Porta Nigra, das ‚Schwarze Tor‘ [**Abb. 1**], besitzt ihre dunkle Färbung keinesfalls aufgrund von Feuereinwirkung, und doch hat es dort einmal kräftig gebrannt. In den letzten Jahren führte der Weg des Verfassers oft genug zum Krankenhaus der „Barmherzigen Brüder" in der Nordallee vorbei an der Porta Nigra, an deren deutlichen Brandspuren der Blick immer wieder haften blieb, ohne dass die Vielzahl jüngerer Beschreibungen, Erwähnungen, Internetauftritte und Vermarktungen dazu Anlass gegeben hätten. Wenn man ein wenig in die Fachliteratur eindringt, stellt sich allerdings heraus, dass die Doyens der Trierer römischen Archäologie und Bearbeiter des Bauwerks wie Erich Gose Brandspuren durchaus wahrgenommen haben: „[...] rot durchglühte und abgeplatzte Steine, [...] Brandeinwirkungen im Westturm; [...] Feldseite, wo die Torbögen durch Brandeinwirkung stark abgesplittert sind" (Gose 1969, 72; 75). „Brandspuren, rot verglühte Sandsteine an der Innenseite des Ostturmes" datierte Heinz Cüppers in das 5. Jahrhundert, „nachdem das Bauwerk das 3. und 4. Jahrhundert unbeschadet überstanden" hätte (1990, 607; 2001, 84).

Wenn auch in jüngerer Zeit aus dem Blickfeld gerückt, ist die Wahrnehmung der Brandspuren alles andere als neu – warum also hier nochmals auf sie eingehen? Angesichts der Tatsache, dass die Porta Nigra zu den bedeutendsten archäologischen Denkmälern Deutschlands gehört, seien sie hier in Erinnerung gerufen, zumal ihre Lage eine anscheinend noch nicht formulierte Aussage zum Funktionieren des Tores zum Brandzeitpunkt erlaubt, ihre relative Abfolge zu den Trichtern der Metallklammerausraubung präzisiert werden kann, ganz besonders aber auch, weil neuere naturwissenschaftliche Untersuchungsmethoden (für deren Anwendung hier plädiert werden soll) nicht nur die Möglichkeit ihrer Bestätigung als solcher, sondern auch ihrer genaueren Datierung eröffnen und damit zur Klärung der mit dem Bauwerk verbundenen „Fülle historischer Fragestellungen" (Schwinden 2001, 143) beitragen könnten. Zunächst sei der gesicherte Stand der historischen Kenntnis kurz dargestellt.

Die Erbauung der Porta Nigra als nördlichem Stadttor im Mauer-ring des römischen Trier wird mit guten Gründen in die 2. Hälfte des 2. Jahrhunderts datiert (Cüppers 1990. – Faust 2008), wenngleich man aufgrund elementarer Missverständnisse der topographischen Situation eines jüngst gesicherten Grabungsbefundes (Hupe 2010/11, 345) neuerdings wieder eine spätere Datierung vorschlug (Morscheiser 2012).

Das Aufgehende des durchaus auch zu Repräsentationszwecken konzipierten Bauwerks besteht aus mörtellos verlegten, mit jeweils ca. 2 kg schweren und mit 1,5 kg Blei vergossenen Eisenklammern verbundenen Quadern überwiegend weißlich-beigen Buntsandsteins. Die seit dem Mittelalter namensgebende ,Schwärzung' der Porta Nigra geht keineswegs, wie gelegentlich zu lesen, auf Rauchschwärzung zurück, sondern auf eine Steinflechtenart [Abb. 4].

Ihre Erhaltung verdankt die Porta Nigra der Tatsache, dass das Bauwerk im 11. Jahrhundert in eine Kirche zu Ehren des hier verstorbenen Eremiten Simeon umgewandelt und sukzessiv umgebaut wurde. Zu diesen Maßnahmen zählte bereits früh die Anschüttung von äußeren Erdrampen bis in Höhe des 1. Stockwerks (Schwinden 2001, 154 ff. – Heyen 2002, 31 ff., bes. 39 Abb. S. 45), deren Fortbestand sich über verschiedene historische Ansichten (zum Beispiel Gose 1969 Abb. 10-17) bis zum Ende 18. Jahrhunderts dokumentieren lässt. Die hier interessierenden Bereiche des Bauwerkes kamen erst durch Freilegungsarbeiten seit Beginn des 19. Jahrhunderts (Goethert 2010, 31 f.) wieder ans Licht (Gose 1969 Abb. 18-27).

2
Trier.
Porta Nigra, Feldseite.
a *Starke Desquamationen und Rötungen* (1) *an der feldseitigen, östlichen Tordurchfahrt bleiben weitgehend auf die Außenseite des Falltorschlitzes beschränkt und deuten damit an, dass das Tor zum Brandzeitpunkt wirkungsvoll geschlossen war.*
b *Die modern plombierten Metallausraubungstrichter* (2) *durchschlagen die oberflächliche Hitzerötung* (3) *und legen die natürliche helle Gesteinsfarbe* (4) *frei.*

Während eine Zeichnung der von den Anschüttungen und Anbauten der mittelalterlichen Simeonskirche befreiten feldseitigen Baufront von Johann Lothary aus dem Jahr 1808 lediglich Andeutungen der Metallklammer-Ausbrüche zeigt (Gose 1669 Abb. 21), lässt eine Zeichnung von Johann Anton Ramboux von 1827, wie auch ein frühes Foto von vor 1876 (Gose 1969 Abb. 27; 65. – Zahn 1980, Kat. 10), nicht nur die Metallausraubungstrichter, sondern auch die hier behandelten Abplatzungen im äußeren feldseitigen Torbogen deutlich erkennen. Beide Beschädigungen müssen folglich vor den Freilegungen zu Beginn des 19. Jahrhunderts entstanden sein, also der Zeit vor den Anschüttungen des 11. Jahrhunderts entstammen.

Diese Anschüttungen bieten also nicht nur einen *terminus ante quem* für die hier behandelten Brandspuren, sondern auch für die bekannten Trichter (Gose 1969, 73), die beim Ausbrechen der eisernen Quaderklammern entstanden sind, die wiederum die Brandspuren klar überschneiden [Abb. 2; 5-7], was bislang anscheinend noch nicht in dieser Deutlichkeit ausgesprochen wurde. Dieser Metallausbruch wird gemeinhin in „fränkische Zeit" (Gose 1969, 73; 80), jedenfalls in einen Moment datiert, in dem die Porta Nigra kein funktionierendes Element der Stadtbefestigung mehr war und ebenso wenig eine staatliche oder lokale Autorität sich um die Erhaltung des Bauwerks bemühte, falls es nicht eine solche war, die diese Art effektiver Metallgewinnung duldete oder gar betrieb. Hier soll auf die eingangs angesprochenen Brandspuren eingegangen werden, die aufgrund der Überschneidungen älter als die Metallausraubungstrichter sind und damit durchaus noch in römische Zeit datieren mögen.

3
Trier.
Porta Nigra, Feldseite.
*Die feldseitige Außenwange der westlichen Tordurchfahrt zeigt einen Abb. 2 entsprechenden Befund: Der moderne Ausbruch bei **1** lässt die ursprüngliche helle Gesteinsfarbe unter der oberflächlichen Hitzerötung (**2**) der Außenwange erkennen, wohingegen die innere Wange (**3**) auch die ursprüngliche helle Gesteinsfarbe zeigt.*

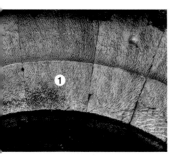

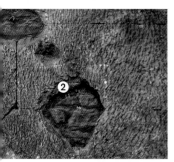

4
*Trier.
Porta Nigra, Stadtseite.
Der Scheitelstein der stadtseitigen östlichen Tordurchfahrt
zeigt beispielhaft natürliche
schichtgebundene Rötung, die
gegen die anschließenden
Quader deutlich abgesetzt ist (1).
Metallausraubungstrichter in
natürlich rötlichen Quadern (2)
zeigen, dass der Stein in der
Tiefe rötlich gefärbt ist und seine
Rötung nicht auf die Oberfläche
beschränkt bleibt, wie bei den
brandbeeinflussten Steinen.*

Dazu müssen wir zunächst die schon in der Literatur erwähnten „Brand-" oder „Feuerspuren" genauer ansprechen. Kombiniert mit den schon von Cüppers erwähnten „Rötungen" treten treffend benannte „Abplatzungen" auf, die im geotechnischen Sinne auch als Desquamationen bezeichnet werden sollten [Abb. 2-3]. „Desquamation" – übersetzt Abhäutung – bezeichnet in Geologie, physischer Geographie und prähistorischer Archäologie das oberflächenparallele, schalige Abplatzen von Gesteinsoberflächen infolge starker Temperaturwechsel und ist in den einschlägigen Lexika besonders für heute aride Gebiete beliebig beschrieben und abgebildet. Solch ein schockierender Temperaturwechsel kann auch anthropogen durch Ablöschen erhitzter Gesteinsoberflächen mit Wasser hervorgerufen werden, wie es beim bergmännischen Vortriebsverfahren des Feuersetzens angewandt wird. In entsprechendem klimatischem Ambiente begegnen uns daher Desquamationen sowohl an natürlichen Felsformationen wie auch an archäologischen Monumenten. Solche Abplatzungen – teilweise fast bildgleich mit den unseren – fanden jüngst bei einer Zusammenstellung von Brandschäden an mittelalterlichen Steinbauwerken Beachtung, zum Beispiel der Burg Landsberg im Elsass (Großmann 2015, Abb. 11).

Im Trierer Kontext sind die Desquamationen und damit verbundenen Rötungen natürlich nicht auf das klimatische Ambiente, sondern auf Feuer und Hitze zurückzuführen, was allein schon in ihrer ungleichmäßigen Verteilung zum Ausdruck kommt, auf die wir noch näher eingehen.

5
Trier.
Porta Nigra, Feldseite.
Ein weiteres Detail zeigt
wiederum die Begrenzung der
Brandrötung >< *auf ehemals*
exponierte Oberflächen, während
Metallausraubungstrichter (1)
neben teilweiser moderner Ver-
mauerung (2) die helle, natürliche
Gesteinsfarbe erkennen lassen.
Deutlich erkennbar überlagert
der schwarze Flechtenbelag (3)
die Brandrötungen (4).

Das Verständnis als Desquamationen mag auch die bisherige Be-nennung und Erklärung der Beschädigungen mit unklaren oder eben unzutreffenden Begriffen wie „Absplitterungen" an den Torbögen in-folge von Steinwürfen oder den Absturz von „brennenden Teilen" von höheren Stockwerken (Gose 1969, 74 f.; 83 f.) korrigieren.

Zwar kommen in der Tat innerhalb der überwiegend natürlich gelb-grau gefärbten Bauquader aus Buntsandstein rötliche Schichten oder Schlieren vor (Gose 1969, 35), besonders über der stadtseitigen, östlichen Tordurchfahrt [Abb. 4], die im Einzelfall Unterscheidungspro-bleme mit den Brandrötungen aufwerfen. Natürliche Rotfärbungen des Gesteins sind jedoch schichtgebunden und reichen gleichmäßig in die Tiefe des Gesteins, während die Hitze-Rötung gegebenenfalls quer über die Schichtung hinweg greift und auf die Gesteinsoberfläche be-schränkt bleibt [Abb. 2; 5].

Etliche dieser Desquamationen und Hitzerötungen werden also von den Ausbruchstrichtern der Metallklammerausraubung über-schnitten, die dabei randlich unter den oberflächlichen Rötungen die natürliche, gelblich-weiße Gesteinsfarbe exponieren, womit ihre rela-tive Abfolge klar belegt ist [Abb. 2; 5-7].

Lokalisieren wir nunmehr diese Desquamationen und Rötungen, so konzentrieren sie sich auf bestimmte Bereiche. Es sind besonders – von der Feldseite aus gesehen – die jeweils rechte und linke Tordurchfahrt und dabei jeweils deren linke und rechte Hälfte. Besonders aussagefähig sind die Rötungen und Desquamationen entlang der Fallgatterschlitze oder „Fallgatternut" (Gose 1969, 141) – vielleicht sollten wir besser sagen „Falltorschlitze", insofern sie an deren Feldseite besonders stark entwickelt sind [**Abb. 2**], um nicht oder nur abgeschwächt wenig darüber hinaus nach innen zu reichen [**Abb. 2-3; 6-7**]. Hieraus mag man schlussfolgern, dass an den geschlossenen äußeren Toren der Porta ein kräftiges Feuer gebrannt hat und dass deren Verschluss keineswegs aus gitterartigen, „riesigen Fallgattern" bestand (Gose 1969, 75; 84; Schwinden 2001, 148), wie sie auch in Rekonstruktionsansichten angedeutet sind (Goethert 2010 Abb. S. 26). Vielmehr dürfte der Verschluss flächendeckend und gewiss nicht ausschließlich aus Holz konstruiert, sondern mit Metallplatten beschlagen gewesen sein, sodass Goethert (2010, 36) an anderer Stelle zutreffend von einem „Falltorschacht" spricht (vgl. ein mittelalterliches Beispiel: Müller-Kissing 2015 Abb. 3).

6
Trier.
Porta Nigra, Feldseite.
Ein Blick auf die Falltornut auf der Westseite der feldseitigen östlichen Tordurchfahrt zeigt die Begrenzung der Hitzerötung > < auf ihren Außenbereich bis zur Innenwange. Die Metallausraubungstrichter sind modern mit kleinen Kalksteinquadern (1) vermauert.

7
Trier
Porta Nigra, Feldseite.
Ganz ähnlich wie Abb. 6 zeigt
sich die östliche Seite der
Falltornut in der feldseitigen
westlichen Tordurchfahrt mit
einer deutlichen Begrenzung
der Brandrötung > <. *Die*
Metallausraubungstrichter (**1**)
sind modern mit kleinstückigen
Kalksteinquadern vermauert.
Der auffallend rote Sandstein-
quader (**2**) *wurde bei einer*
Reparatur zu unbekannter Zeit
eingefügt. Er zeigt eine natürliche
Färbung und stammt wohl aus
einem anderen Steinbruch.

Da der Brand eines Baugerüstes kaum ausgereicht haben dürfte, um derart massive und auch ungleichmäßig verteilte Brandspuren zu verursachen, erschließt sich eher ein militärischer Kontext, bei dem brennbares Material gegen das Tor eingebracht oder geschleudert wurde. Nicht ganz auszuschließen ist auch die Möglichkeit, dass Brandmaterial von Verteidigern herabgeworfen wurde, um vorgedrungene Angreifer von der unmittelbaren Bearbeitung des Torverschlusses abzuhalten, was aber angesichts weiterer, wenn auch weniger deutlicher Brandspuren im inneren östlichen Torbogen eher unwahrscheinlich scheint. Umgekehrt mögen auch Brandsätze mit einer Mischung von ungelöschtem Kalk mit Harz, Öl oder Bitumen geschleudert worden sein, die erst im Kontakt mit (Lösch-)Wasser entflammten. Derartige Brandwaffen waren in römischer Zeit im Prinzip durchaus bekannt (Kühn 2015, 104) und könnten der heutigen Experimentellen Archäologie ein weiteres Betätigungsfeld eröffnen.

Die beiden besonders betroffenen äußeren Torwangen mögen durch die Angriffsstrategie beziehungsweise den Bestreichungswinkel der Waffen von Verteidigern im Bauwerk bedingt sein, was bedeuten könnte, dass sich Angreifer nicht frontal näherten, sondern in einem toten Winkel entlang des Fußes der Stadtmauer, um jeweils von der Seite her Brandmaterial vor dem Tor zu platzieren.

Das Bodenniveau, von dem aus das Feuer hochschlug, scheint allerdings wegen jüngerer Verwitterungen, Absandungen und Flechtenschwärzungen nicht klar erkennbar.

Wenn auch Goethert (2005) meinte, dass das Bauwerk „zu Verteidigungszwecken [...] sicherlich erst in der Spätantike gedient [...] hat", mag ein möglicher historischer Kontext für den Brand und seine deutlichen Spuren bereits mit Bürgerkriegszuständen nach 192 n. Chr. und einer damit verbundenen Belagerung Triers gegeben sein. Diese ist durch die Mainzer Inschrift von vor 198 zweifelsfrei nachgewiesen (Schwinden 2001, 152. – Zuletzt Gilles 2013, 73 ff.), in der sich die Stadt Trier bei der Mainzer 22. Legion für eine erfolgreiche Verteidigung bedankte. Die Tatsache, dass viele Bauglieder nicht oder kaum aus der Bosse geschlagen sind, wird traditionell dahingehend interpretiert, dass diese Arbeiten angesichts einer organisatorischen oder finanziellen Krise, wenn nicht einer militärischen Bedrohung, eingestellt und einschließlich des Baugerüstes plötzlich abgebrochen wurden.

Rund 500 m östlich der Porta Nigra, an der Lokalität „Fabrikstraße/ehemalige Lais-Bucher-Werke" wurden kürzlich relativ frühe Zerstörungsschäden an der Stadtmauer indirekt dadurch nachgewiesen, dass in Querschnitten des ihr vorgelagerten Grabens teilweise noch in Mörtel gebundene Brocken ihres Schiefermauerwerks lagerten. Die Fundsituation unmittelbar auf der Sohle einer 2. Grabengeneration könnte bedeuten, dass dieser zweite Graben in die ruhig und sauber sedimentierte Einfüllung eines ersten, mit der Stadtmauer angelegten Grabens eingeschnitten wurde, als Anlass zur Herstellung einer Verteidigungsbereitschaft bestand (Clemens/Löhr 2001, 352 f. Abb. 7. – Clemens/Löhr 2005 Abb. 126. – Koethe 1936, 5 Nr. 6). Dieser Befund kann, wie die Brandschäden an der Porta Nigra selbst, mit der genannten Belagerung Ende des 2. nachchristlichen Jahrhunderts in Verbindung gebracht werden. Allerdings lassen sich weitere Hinweise auf Gefährdungen dieser Art beispielsweise nach den Überlieferungen des Ammianus Marcellinus auch für die Jahre 351 oder 352 vermuten und auch für den dazwischenliegenden und erst recht den nachfolgenden Zeitraum können sie nicht ausgeschlossen werden (Gose 1969, 40 f. – Clemens 2014, 329).

Wenn nun im Rahmen einer vielfältig und zu Recht postulierten Sanierung des Denkmals Porta Nigra in absehbarer Zeit ein besserer Zugang durch Einrüstung oder mit Hilfe eines Steigerfahrzeuges gegeben sein sollte, könnten die hier nur angedeuteten Brandbereiche in ihrer Lokalisierung und Ausdehnung näher dokumentiert werden.

Einen Durchbruch zur Lösung der hier aufgeworfenen Altersfrage des Brandereignisses – oder eben des militärischen Angriffs auf die Stadt – könnte die Anwendung der Thermolumineszenzmethode (Wagner 2008) bieten, die nicht nur Hitzespuren als solche bestätigen, sondern auch deren Alter innerhalb gewisser Fehlergrenzen benennen kann.

An einem anderen Felsendenkmal, den Externsteinen bei Horn - Bad Meinberg im Kreis Lippe in Nordrhein-Westfalen wurde das Alter von Felseinarbeitungen lange Zeit kontrovers diskutiert. Die Thermolumineszenzuntersuchungen der an ihren Oberflächen ausgebildeten Brandspuren erbrachten schließlich sinnvolle Altersansätze in das Mittelalter, die die Ansätze der Archäologie und Kunstgeschichte bestätigten (Jähne u. a. 2007). Warum sollte diese Datierungsmethode also nicht auch an der Porta Nigra in Trier eingesetzt werden können?

Nötig wäre dazu die Entnahme eines Dutzends daumendicker Bohrkerne, was das Monument angesichts zahlreicher ohnehin vorhandener kleiner moderner Eingriffe bei unmittelbar nachfolgender, fachkundiger Plombierung nicht grundsätzlich ruinieren würde. Mit dieser Methode lässt sich – mit einigem physikalischen Laboraufwand – innerhalb geringer Fehlergrenzen von ca. 10 % das Alter der letzten Erhitzung von Quarz- und Feldspatkörnern im Sandstein ermitteln, da diese bei einer Erhitzung von 400° C über eine Stunde die Struktur ihres inneren Kristallgitters gegenüber dem nicht erhitzten Kernbereich verändern. Zwangsläufig ergäbe sich durch eine Datierung der Brandspuren auch ein *terminus post quem* für die überschneidenden Metallausraubungstrichter.

Fazit

Besonders die Feldseite der Porta erlitt – wohl bei geschlossenen Falltüren – Brandschäden infolge eines militärischen Angriffs, der versuchsweise mit der Belagerung von 197 n. Chr. identifiziert wird [Abb. 8], wobei spätere Datierungen zunächst nicht ausgeschlossen werden können. Entsprechende Thermolumineszenzdatierungen der Brandspuren würden ihre Altersstellung näher eingrenzen und sollten daher veranlasst werden.

8
Trier, Porta Nigra, Feldseite.
Versuch einer Verbildlichung des
Brandes an den Toren.

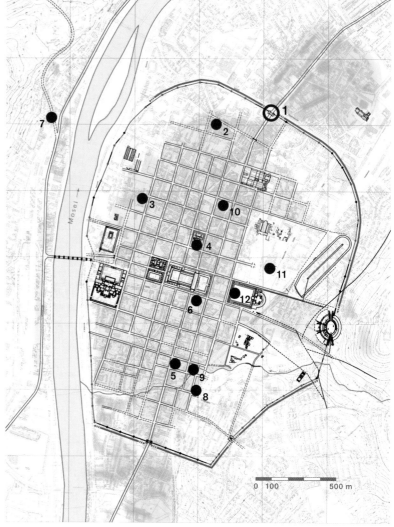

9
Trier.
Lage der besprochenen Fundorte
mit römischen Brandspuren
im Stadtplan.
1 *Porta Nigra.*
2 *Mosel-Altarmsee.*
3 *Feldstraße.*
4 *Viehmarkt.*
5 *Saarstraße.*
6 *Südallee.*
7 *Vicus Voclannionum.*
8 *Seniastraße.*
9 *Leostraße.*
10 *Kornmarkt.*
11 *Ostallee.*
12 *Kaiserthermen.*

Brandhorizonte? Einige weitere Brandspuren in Trier

Haben wir gesehen, dass an der Porta Nigra kräftige Brandspuren nachweisbar sind, so ergibt sich beiläufig an dieser Stelle die Frage, ob nicht auch innerhalb der Stadt Spuren von Bränden fassbar sind, ohne dass diese im gleichen Kontext entstanden sein müssen [**Abb. 9**].

Zunächst sei darauf verwiesen, dass es nach Untersuchungen zur Häufigkeit historisch überlieferter Brände in spätmittelalterlich-frühneuzeitlichen Städten Europas (Zwierlein 2001. – Allemeyer 2008, 8) im statistischen Mittel etwa alle 60 Jahre gebrannt hat. Nun mag die Brandwahrscheinlichkeit in einer römischen Stadt angesichts höheren Steinbauanteils und besserer Dachdeckung – kein Stroh, weniger Schindeln – und breiteren Straßenanlagen im Insula-System und einer vermutlich organisierten Feuerwehr geringer als im Mittelalter gewesen sein. Trotzdem dürfte es bei einem mehr als 400-jährigen Bestehen der Stadt *Augusta Treverorum* allein nach statistischer Wahrscheinlichkeit

Brände – und sei es durch Blitzeinschlag – gegeben haben. Hinweise auf Brände existieren durchaus. Ob es sich dabei um zufällige, örtlich begrenzte Schadensbrände oder solche handelt, die durch militärische Auseinandersetzungen ausgelöst wurden, die wiederum mit historisch überlieferten Ereignissen korrespondieren, bleibt herauszuarbeiten.

Hier seien nur einige Beispiele genannt:

Was wäre besser geeignet, den Durchschnittszustand der näheren Umgebung zu archivieren, als die Ablagerungen des Mosel-Altarmsees im Nordwesten der frühen Stadt? In der Tat beinhalten die in einem ruhigen Milieu abgelagerten Tonmudden des 1. nachchristlichen Jahrhunderts (Dörfler u. a. 1998. – Zolitschka/Löhr 1999) einzelne Schübe von Holzkohleneintrag, die durchaus auf Brände im benachbarten, bebauten Areal zurückgehen können.

Eine geglühte Lehmziegelwand aus dem 1. Jahrhundert mit anschließend ausplaniertem Brandschutt am Mutterhaus der Borromäerinnen (Löhr 1993. – Morscheiser 2009, 29 f.) dürfte mehr als nur einen Zimmerbrand widerspiegeln [**Abb. 10**].

10
Trier, Feldstraße.
Frührömische Siedlungsreste.
a *Querschnitt durch die unterste Lage einer verputzten und verbrannten Lehmziegel-Wand.*
b *Versturzmasse der Wand mit rötlich geglühten Lehmziegel-Brocken und hellen Verputzstücken.*
RLM Trier, EV 1992,13.

Selbst bis in eine Straßengosse am Viehmarkt reichte ein Brand, der ebendort ein Schalbrett verkohlte. Die zu geringe Ringfolge erlaubte leider keine genaue Jahrringdatierung (FNr. 647; Dendro-EV 1990,367). Nach dem archäologischen Kontext könnte es noch in das 1. Jahrhundert datieren, was auch für weitere Reste von Lehmziegel- und Fachwerkbauten mit Brandspuren gelten dürfte, zum Beispiel an der Grabungsstelle Saarstraße 69/71 (Hupe 2014/15, 418 ff. Abb. 62). Zwar hält Cüppers fest, dass sich der Ersatz frührömischer Lehmziegel- und Fachwerkbauten durch Steingebäude ohne deren vorherigen Brand zugetragen habe, benennt jedoch selber für die Lokalität Südallee (ehemalige Villa Voss) „stark verziegelte Reste eines Lehmbodens [...] durch Brand verkohlter Stützbalken [...]" (Cüppers 1984).

Auch die jenseits der Mosel gelegene westliche Vorstadt, der *vicus Voclannionum*, hinterließ am nördlichen Ende seiner Bebauung bei der heutigen Lokalität Wolfsgasse/Römerstraße ein verbranntes Schieferdach (RLM Trier, EV 1993,146).

Bereits auf eine Steinbebauung bezogen ist der Ziegelversturz eines verbrannten Daches in der Seniastraße (Clemens u. a. 2004/2005, 426, Abb. 17). Zu einem Schadensbrand passt auch die Auffindung von 24 Goldmünzen mit Schlussprägungen von 143/144 n. Chr. in der nicht weit entfernten Leostraße „im Brandschutt eines zerstörten römischen Gebäudes" (Gilles 2013, 81).

Seit Langem bekannt und benannt sind Brandspuren und Beschädigungen auf Mosaikböden, deren Anlage zwischen der Mitte des 3. und der 2. Hälfte des 4. Jahrhunderts angesetzt wird. So war beispielsweise das ‚Leda-Mosaik' vom Kornmarkt von „[...] eine[r] 10-15 cm dicken Ascheschicht [bedeckt], die von einer bis zu 40 cm dicken Dachschuttschicht [...]" überlagert wurde. Auch das ‚Monnus-Mosaik' von der Ostallee erfuhr seine Beschädigung durch „Einsturz des brennenden Daches". Beim ‚Polydus-Mosaik' unter den Kaiserthermen zeichnen sich „in einigen Zonen des Hauptfeldes [...] Brandspuren ab" (Hoffmann/ Hupe/Goethert 1999 Kat. 63; 103; 161) **[Abb. 11]**.

Somit deutet sich auch beim Thema „Brandhorizonte" eine weitere Frage- und Aufgabenstellung der Trierer Archäologie an, gilt es doch zunächst Kriterien für Schadensbrände und ihren archäologischen Niederschlag zu definieren und beispielsweise gegen Ascheausräume von Hypokausten oder Herdstellen abzusetzen, und dies unter Verwendung bis ans Ende des 19. Jahrhunderts zurückreichender archäologischer Fundakten, die nicht zwingend im Bewusstsein dieser Problematik angefertigt wurden. Dann gelte es, diese Einzelbefunde aufgrund räumlicher und zeitlicher Nähe gegebenenfalls zu ‚Horizonten' zu bündeln.

11
Trier, Kaiserthermen.
Polydus-Mosaik mit Brandspuren.

Literatur

M. L. Allemeyer, Fewersnoth und Flammenschwert. Stadtbrände in der frühen Neuzeit (Göttingen 2008). – L. Clemens, Trier im Umbruch. Die Stadt während des 5. bis 9. Jahrhunderts n. Chr. In: Ein Traum von Rom. Stadtleben im römischen Deutschland. Ausstellungskatalog (Darmstadt 2014) 328-335. – L. Clemens/H. Löhr, Jahresbericht des Landesamtes für Denkmalpflege, Abteilung Archäologische Denkmalpflege, Amt Trier, für den Stadtbereich Trier 1999. Trierer Zeitschrift 64, 2001, 349-363. – L. Clemens/H. Löhr, Stattore, Stadtmauer und Gräben. In: Rettet das archäologische Erbe in Trier. Zweite Denkschrift der Archäologischen Trier-Kommission. Schriftenreihe des Rheinischen Landesmuseums Trier 31 (Trier 2005) 104-106. – L. Clemens u. a., Jahresbericht des Landesamtes für Denkmalpflege, Abteilung Archäologische Denkmalpflege, Amt Trier, für den Stadtbereich Trier 2001-2003. Trierer Zeitschrift 67/68, 2004/2005, 411-449. – H. Cüppers, Frührömische Siedlungsreste und Funde aus dem Stadtgebiet von Trier. In: Trier – Augustusstadt der Treverer. Stadt und Land in vor- und frührömischer Zeit. Ausstellungskatalog, Rheinisches Landesmuseum Trier (Mainz 1984) 48-51. – H. Cüppers, Die Porta Nigra. In: Die Römer in Rheinland-Pfalz. Hrsg. von H. Cüppers (Stuttgart 1990) 604-608. – H. Cüppers, Römische Baudenkmäler. In: P. Ostermann, Stadt Trier I. Altstadt. Denkmaltopographie Bundesrepublik Deutschland, Kulturdenkmäler in Rheinland-Pfalz 17,1 (Worms 2001) 80 ff., bes. 84. – W. Dörfler/A. Evans/H. Löhr, Trier, Walramsneustraße. Untersuchungen zum römerzeitlichen Landschaftswandel an einem Beispiel aus der Trierer Talweite. In: Studien zur Archäologie der Kelten, Römer und Germanen in Mittel- und Westeuropa. Festschrift Alfred Haffner. Internationale Archäologie, Studia honoraria 4 (Rahden 1998) 119-152. – S. Faust, Porta Nigra. In: Führer zu archäologischen Denkmälern des Trierer Landes. Schriftenreihe des Rheinischen Landesmuseums Trier 35 (Trier 2008) 56 f. – Feuernutzung und Brand in Burg, Stadt und Kloster im Mittelalter und in der Frühen Neuzeit. Hrsg. von O. Wagener. Studien zur internationalen Architektur- und Kunstgeschichte 129 (Petersberg 2015). – K.-J. Gilles,

Der römische Goldmünzenschatz aus der Feldstraße in Trier. Trierer Zeitschrift, Beiheft 34 (Trier 2013). – K.-P. Goethert, Porta Nigra. In: Rettet das archäologische Erbe in Trier. Zweite Denkschrift der Archäologischen Trier-Kommission. Schriftenreihe des Rheinischen Landesmuseums Trier 31 (Trier 2005) 102 f. – K.-P. Goethert, Römerbauten in Trier. Edition Burgen, Schlösser, Altertümer Rheinland-Pfalz, Führungsheft 20 ^{2}(Regensburg 2010). – E. Gose, Die archäologische Erforschung der Porta Nigra in Trier. In: Die Porta Nigra in Trier. Hrsg. von E. Gose. Trierer Grabungen und Forschungen 4 (Berlin 1969) 9-70. – G. U. Grossmann, Brandspuren an Burgen als Hinweise zur Baugeschichte. In: Feuernutzung und Brand in Burg, Stadt und Kloster. Hrsg. von O. Wagener. Studien zur internationalen Architektur- und Kunstgeschichte 129 (Petersberg 2015) 22-30. – F.-J. Heyen, Das Stift St. Simeon in Trier. Germania Sacra N.F. 41 (Berlin 2002). – P. Hoffmann/J. Hupe/K. Goethert, Katalog der römischen Mosaike aus Trier und dem Umland. Trierer Grabungen und Forschungen 16 (Trier 1999). – J. Hupe, Neue Forschungen zur römischen Stadtmauer und mittelalterlichen Bebauung im Umfeld des Simeonstiftes in Trier. Die Ausgrabungen von 2004/05 am Simeonstiftplatz. Trierer Zeitschrift 71/72, 1998/09, 369-393. – J. Hupe/H. Löhr, Jahresbericht des Landesamtes für Denkmalpflege, Abteilung Archäologische Denkmalpflege, Amt Trier, für den Stadtbereich Trier 2004-2007. Trierer Zeitschrift 73/74, 2010/11, 281-355. – R. Jähne/R. Linde/C. Woda, Licht in das Dunkel der Vergangenheit. Die Lumineszenzdatierung an den Externsteinen (Bielefeld 2007). – H. Koethe, Die Stadtmauer des römischen Trier. Trierer Zeitschrift 11, 1936, 46-74. – H.-J. Kühn, „Flüssiges Feuer". Brandkampfmittel im byzantinischen Militärwesen. In: Feuernutzung und Brand in Burg, Stadt und Kloster. Hrsg. von O. Wagener. Studien zur internationalen Architektur- und Kunstgeschichte 129 (Petersberg 2015) 100-106. – H. Löhr, Neues zum frührömischen Trier. Archäologie in Deutschland 1993, H. 1, 53. – J. Morscheiser, Die Anfänge Triers im Kontext augusteischer Urbanisierungspolitik nördlich der Alpen. Philippika 30 (Wiesbaden 2009). – J. Morscheiser, Trier im Gallischen Sonderreich. In: Die Krise des 3. Jahrhunderts n. Chr. und das Gallische Sonderreich. Akten des interdisziplinären Kolloquiums Xanten 26. bis 28. Februar 2009. Hrsg. von Th. Fischer. Schriften des Lehr- und Forschungszentrums für die antiken Kulturen des Mittelmeerraumes 8 (Wiesbaden 2012) 233-247. – J. Müller-Kissing, Wie man macht, dass die Hütte brennt. Brandwaffeneinsatz bei Belagerungen im Mittelalter und der frühen Neuzeit. In: Feuernutzung und Brand in Burg, Stadt und Kloster. Hrsg. von O. Wagener. Studien zur internationalen Architektur- und Kunstgeschichte 129 (Petersberg 2015) 107-115. – L. Schwinden, Die Porta Nigra. In: Das römische Trier. Hrsg. von H.-P. Kuhnen. Führer zu archäologischen Denkmälern in Deutschland 40. Schriftenreihe des Rheinischen Landesmuseums Trier 20 (Stuttgart 2001) 143-157. – G. A. Wagner, Archäochronometrie. Lumineszenzdatierung. In: Archäometrie. Methoden und Anwendungsbeispiele. Hrsg. von A. Hauptmann/V. Pingel (Stuttgart 2008) 171-181. – E. Zahn, Die Porta Nigra in nachrömischer Zeit. In: Die Porta Nigra in Trier. Hrsg. von E. Gose. Trierer Grabungen und Forschungen 4 (Berlin 1969) 107-151. – E. Zahn, Das Bild der Porta Nigra in der Kunst. Katalog der historischen Abbildungen. In: Die Porta Nigra in Trier. Hrsg. von E. Gose. Trierer Grabungen und Forschungen 4 (Berlin 1969) 152-167. – E. Zahn, Johann Anton Ramboux in Trier (Trier 1980). – B. Zolitschka/H. Löhr, Geomorphologie der Mosel-Niederterrassen und Ablagerungen eines ehemaligen Altarmsees (Trier, Rheinland-Pfalz). Indikatoren für jungquartäre Umweltveränderungen und anthropogene Schwermetallbelastung. Petermanns geographische Mitteilungen 143, 1999, 401-416. – C. Zwierlein, Der gezähmte Prometheus. Feuer und Sicherheit zwischen früher Neuzeit und Moderne (Göttingen 2011).

Internetquellen
https://www.geographie.uni-bonn.de/dias-verwitterungstypen [28.06.2016].

Abbildungsnachweis
Abb. 1-8; 11 Th. Zühmer, RLM Trier.
Abb. 9 RLM Trier.
Abb. 10 H. Löhr, RLM Trier.

Die römische Villa von Bodenbach, Peter Henrich
Landkreis Vulkaneifel

Prospektion – Grabung – Visualisierung

Das in der Spätantike befestigte Hauptgebäude der Villenanlage von Bodenbach wurde von 2003 bis 2013 durch geophysikalische Prospektionen (Geomagnetik, Geoelektrik, Georadar) und archäologische Ausgrabungen untersucht. Nach Abschluss der Forschungen galt es, die Fundstelle und die Forschungsergebnisse der Öffentlichkeit zu präsentieren. Die dabei angewendeten denkmalverträglichen, reversiblen Maßnahmen sollen gemeinsam mit den dafür konzipierten Rekonstruktionszeichnungen im Folgenden vorgestellt werden.

Forschungsgeschichte und Forschungsergebnisse

Die bereits seit dem 19. Jahrhundert bekannte römische Fundstelle von Bodenbach wurde zunächst im Rahmen einer geomagnetischen Prospektion (Henrich/Mischka 2003) und anschließend mittels einer geoelektrischen Untersuchung und einer Georadar-Messung untersucht. Bei den 2010 und 2012 durchgeführten archäologischen Ausgrabungen (Henrich 2010a-b. – Henrich/Stoffel 2013) konnte die Vermutung bestätigt werden, dass es sich bei dem Befund um das Hauptgebäude einer mittelkaiserzeitlichen Villenanlage handelt, das im Kontext der Germaneneinfälle in der zweiten Hälfte des 3. Jahrhunderts regelrecht als Festung ausgebaut wurde (Henrich 2010b. – Henrich 2016/17). Von der Befestigung haben sich im archäologischen Befund drei im sogenannten Spielkartenschema angeordnete Spitzgräben sowie Reste einer Wehrmauer erhalten. Letztere diente als zusätzlicher Schutz der *porticus* und des rückwärtigen Teils des Gebäudes. Es ist davon auszugehen, dass an dem Gebäude selbst entsprechende bauliche Veränderungen vorgenommen und in dem Zusammenhang die für diese Villenhauptgebäude typischen Eckrisaliten als (Wehr-)Türme genutzt wurden.

Die Grabung hat zudem gezeigt, dass die Anlage nicht im Kampf erobert worden war, sondern vielmehr ein systematisches Räumen beziehungsweise Schleifen in den 350er Jahren anzunehmen ist.

Der Bodenbacher Befund reiht sich in eine Reihe von vergleichbaren, jüngst entdeckten befestigten Villenanlagen in Nordgallien und Niedergermanien ein (Henrich 2015).

Das Konzept zur touristischen Inwertsetzung

Sehr bald war klar, dass die Fundstelle und die dort gewonnenen Forschungsergebnisse der Öffentlichkeit vor Ort als Stationen der „Geschichtsstraße" der Verbandsgemeinde Kelberg präsentiert werden sollen. Da die Mauersubstanz des Gebäudes jedoch für eine dauerhafte Visualisierung zu schlecht war beziehungsweise eine Sichtbarmachung mit hohen Kosten verbunden gewesen wäre, entschloss man sich, die Villa mitsamt der Befestigungseinrichtungen auf anderem Wege zu präsentieren. Das Vermittlungs- und Visualisierungs-Projekt mit dem Titel „Museum in der Landschaft" wurde im Jahr 2015 durch LEADER-Plus-Mittel der Europäischen Union und des Landes Rheinland-Pfalz gefördert und realisiert. Dabei galt es, anhand von Informationstafeln die Grabungsergebnisse mit Fotos, Texten und Rekonstruktionszeichnungen zu erklären [Abb. 1]. Zudem sollte eine denkmalverträgliche, reversible und zugleich kostengünstige Art der Präsentation gewählt werden, die den Ansprüchen, dieses außergewöhnlichen Fundplatzes gerecht würde (Visualisierung 2013). Aus diesem Grund wählte man die Visualisierung der für das Verständnis der Anlage wichtigsten Befunde mit Pflanzen, ähnlich wie im Römerpark Ruffenhofen in Bayern (Pausch 2013). Dort wird seit 2003 ein komplettes römisches Kastell des Obergermanisch-Raetischen Limes unter anderem mit Pflanzen im Gelände visualisiert und auf diesem Wege den Besuchern die Größe und Konzeption der Anlage vor Augen geführt.

So sind in Bodenbach nun die drei um das Hauptgebäude umlaufenden Gräben anhand einer Wildblumenwiese im Gelände zu erkennen [Abb. 2]. Den Umriss des Gebäudes zeigen Hainbuchenhecken an [Abb. 3]. Lediglich bei der Visualisierung der Wehrmauer verzichtete man auf Pflanzen, sondern legte zur besseren Übersichtlichkeit Streifen aus weißen Kieselsteinen [Abb. 4]. Kleine Schilder erläutern die Bedeutung der Pflanzungen und wecken die Neugier der Besucherinnen und Besucher. Neben den Pflanzen markieren vier Bussard-Stangen die Ecken des römischen Gebäudes [Abb. 2]. Diese Stangen sind so hoch wie die Dachtraufe und vermitteln so die ungefähre Höhe des Hauses. Als willkommener Nebeneffekt ist festzustellen, dass die Wiese weitgehend frei von Mäusen und anderen Schädlingen ist und so der Pflegeaufwand weiter reduziert werden kann.

1
*Bodenbach,
Ober der Steinigen Heck.
Informationstafeln direkt an der
Fundstelle.*

2
Bodenbach,
Ober der Steinigen Heck.
Visualisierung des inneren
Wehrgrabens mit einer Wild-
blumenwiese.
Der Bereich zwischen den Gräben
wird regelmäßig gemulcht und
die Fläche so freigehalten. Im
Hintergrund sind die Bussard-
Stangen zur Verdeutlichung der
Gebäudehöhe zu sehen.

3
Bodenbach,
Ober der Steinigen Heck.
Frisch gepflanzte und noch nicht
ausgetriebene Hainbuchenhecken
zeigen den Grundriss des Villen-
hauptgebäudes.

4
Bodenbach,
Ober der Steinigen Heck.
Streifen aus weißen Kieselsteinen
markieren den Umriss der
Wehrmauer.

Rekonstruktionszeichnung der als Festung ausgebauten Villa

Zur Optimierung und Erleichterung der Vermittlung der komplexen Befunde wurden von Nic Herber unter fachlicher Beratung des Verfassers zwei Rekonstruktionszeichnungen angefertigt. Neben einer eher schlicht gehaltenen Zeichnung der Villa vom 1. bis in die Mitte des 3. Jahrhunderts [Abb. 5] wurde eine zweite, deutlich detailliertere Zeichnung der als Festung ausgebauten Villa angefertigt [Abb. 6]. Die Tafel ist zur besseren Orientierung so im Gelände aufgestellt, dass heute noch vorhandene topographische Besonderheiten wie der Aremberg auf der Zeichnung erkennbar sind. Natürlich erlaubt die im Vergleich zur Villa erhöhte Aufstellung der Infotafel mit der Rekonstruktionszeichnung auch einen optimalen Blick auf den visualisierten Grundriss der gesamten Anlage.

Im Mittelpunkt des Bildes steht das Hauptgebäude der Villa mit den drei Befestigungsgräben und der Wehrmauer während eines Angriffs durch Germanen. Ein solcher Angriff ist archäologisch nicht nachgewiesen, dient aber der Belebung des Bildes. Den gleichen Zweck verfolgt eine im Hintergrund des Bildes zu erkennende Rauchsäule, als Zeichen für eine von Germanen überfallenen und brennenden Villenanlage. Archäologisch nachgewiesen und in der Zeichnung umgesetzt sind die drei Wehrgräben, der Grundriss des Hauptgebäudes sowie der Verlauf der Wehrmauer an der Vorder- und der Rückseite des Gebäudes. Sämtliche Details im Aufgehenden des Gebäudes, wie die zugesetzten Fenster und die *porticus*, oder Details zur Gestaltung der Eckrisaliten ließen sich selbstverständlich nicht am archäologischen Befund ablesen. Hierfür wurden Parallelbefunde herangezogen und die Grabungsergebnisse entsprechend interpretiert. Hierzu zählen der Umbau und die Nutzung der Risaliten als eine Art Wehrtürme, die sich

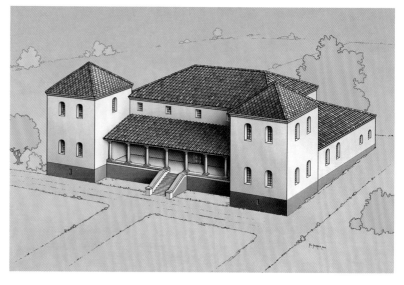

5
*Bodenbach,
Ober der Steinigen Heck.
Rekonstruktion des Hauptgebäudes während der
zivilen Nutzung.
Zeichnung von Nic Herber, 2015.*

im konkreten Fall anbietet. Bei der Wehrmauer sind der Verlauf und die Art der Konstruktion anhand der Grabungsergebnisse gesichert. Aufgrund starker Erosion konnte jedoch nicht geklärt werden, wie die Toranlage gestaltet war. Der archäologisch nicht nachgewiesene Holzturm auf der Rückseite des Gebäudes ist aber an dieser Stelle aus fortifikatorischen Gründen anzunehmen.

Ähnlich wie auch die Rekonstruktionszeichnung der Grabdenkmäler von Duppach während der Zerstörung im 4. Jahrhundert (Henrich 2010a) hat die sehr lebensnahe Zeichnung von Nic Herber wieder das Ziel, komplexe archäologische Sachverhalte lebendig und fast schon spielerisch, jedoch fachlich korrekt abzubilden.

6
Bodenbach,
Ober der Steinigen Heck.
Rekonstruktion des als Festung
ausgebauten Hauptgebäudes
der Villenanlage.
Zeichnung von Nic Herber, 2015.

7
Bodenbach,
Ober der Steinigen Heck.
Luftbild der Gesamtanlage nach
Abschluss der Visualisierungs-
maßnahmen 2015.

Fazit und Ausblick

Die hier vorgestellte touristische Inwertsetzung und Vermittlung der archäologischen Forschungsergebnisse durch Informationstafeln und Visualisierungen durch Pflanzen stellt den Abschluss eines sehr erfolgreichen Kooperationsprojektes zwischen der Ortsgemeinde, der Generaldirektion Kulturelles Erbe, Direktion Landesarchäologie, Außenstelle Trier und dem Archäologischen Institut der Universität zu Köln dar [**Abb. 7**]. Außer denkmalverträglichen Grabungen, die aufgrund der vorangegangenen geophysikalischen Prospektionen minimalinvasiv erfolgen konnten, ist auch die auf langfristige Sicht hin kostengünstige Visualisierung mit Pflanzen und der Verzicht auf Aufmauerungen der originalen Mauersubstanz und der Reversibilität als vorbildlich zu bezeichnen. Ohne das Engagement der Ortsgemeinde Bodenbach, die im Rahmen der Flurbereinigung die Grundstücke in ihr Eigentum überführen konnte und sich während des gesamten Projektes sehr stark engagierte, wäre die langfristige Sicherung und die touristische Inwertsetzung dieser archäologischen Fundstelle nicht möglich gewesen.

Die Fundstelle mit den Visualisierungen und den Informationstafeln ist ganzjährig zu besichtigen. Sie liegt westlich von Bodenbach und ist von der Hauptstraße ausgeschildert.

Dr. Heribert Steinmetz (1952-2015), dem Freund und Mitausgräber in Duppach und Bodenbach, gewidmet.

Literatur

P. Henrich, Eine Rekonstruktionszeichnung der römischen Gräberstraße und der Villenanlage von Duppach-Weiermühle, Landkreis Vulkaneifel. Zur Situation im 4. Jahrhundert n. Chr. Funde und Ausgrabungen im Bezirk Trier 42, 2010, 20-30. – P. Henrich, Die in der Spätantike befestigte römische Villa von Bodenbach, Landkreis Vulkaneifel. Vorbericht zu den geophysikalischen Prospektionen und Grabungen 2003-2010. Funde und Ausgrabungen im Bezirk Trier 42, 2010, 31-43. – P. Henrich, Private Befestigungsanlagen der Spätantike in den gallischen und germanischen Provinzen. In: Non solum… sed etiam. Festschrift für Thomas Fischer zum 65. Geburtstag. Hrsg. von P. Henrich u. a. (Rahden 2015) 177-187. – P. Henrich, Die befestigte *villa* von Bodenbach im Kontext der spätantiken Befestigungen Nordgalliens und Niedergermaniens. Trierer Zeitschrift 79/80, 2016/17 (im Druck). – P. Henrich/C. Mischka, Der Burgus von Bodenbach. Funde und Ausgrabungen im Bezirk Trier 35, 2003, 53-59. – P. Henrich/L. Stoffel, Die Villa rustica und spätantike Befestigung von Bodenbach (Lkr. Vulkaneifel). Vorbericht zu den Ausgrabungen 2013. Funde und Ausgrabungen im Bezirk Trier 45, 2013, 16-22. – M. Pausch, Visualisierung von Kastell und vicus Ruffenhofen. Abwechselnde Eindrücke einer Welterbestätte. Beispiele aus der Praxis. In: Visualisierung 2013, 41-50. – Visualisierung von Bodendenkmälern. Vorschläge und Diskussionen am Beispiel des Obergermanisch-Raetischen Limes. Hrsg. von P. Henrich. Beiträge zum Welterbe Limes 7 (Landshut 2013).

Abbildungsnachweis
Abb. 1-4 G. Rätz, Bodenbach.
Abb. 5-6 N. Herber, Osweiler (Luxemburg).
Abb. 7 Ch. Credner, Lambertsberg.

Zum Westabschluss der Trierer Kaiserthermen

Joachim Hupe
Bruno Kremer

Einführung

Im Zeitraum von Juli 2014 bis September 2015 wurden umfangreiche Ausgrabungen auf einem ca. 1 300 m² großen Grundstück an der Westseite der Straße „Weberbach" durchgeführt (EV 2014,90). Den Auslöser der Maßnahme bildete ein Neubauprojekt der Trierer Wohnungsbaugesellschaft gbt im Verbund mit den Stadtwerken Trier, das die Errichtung einer Wohn- und Geschäftshausanlage mit zweigeschossiger Tiefgarage vorsah. Die beteiligten Bauträger unterstützten finanziell die fünfzehnmonatigen archäologischen Untersuchungen, sodass vertragliche Regelungen zur Umsetzung der Baumaßnahme bestanden.

Das Baugrundstück liegt unmittelbar westlich des eingezäunten archäologischen Freigeländes der Kaiserthermen, von diesem nur durch die Straße „Weberbach" getrennt. Es wird im Norden von der Kuhnenstraße, im Süden von der Graugasse begrenzt, die etwa rechtwinklig in die „Weberbach" einmünden.

Die heutige Straßenführung der „Weberbach" folgt im Wesentlichen der Trasse einer römischen Nord-Süd-Straße, der Straße H (Schindler 1979). Die „Weberbach" gehört – ebenso wie deren Stichstraßen Graugasse und Kuhnenstraße, die im 14. Jahrhundert in der urkundlichen Überlieferung greifbar werden – zu einer Gruppe von Straßen an der südlichen Peripherie des mittelalterlichen Stadtgebietes, deren Streckenführung sich am überkommenen römischen Baufluchtraster orientierte. Dieser Umstand ließ vermuten, dass die dortige römische Bausubstanz noch massiver ausgeprägt war und bei der Wiederbebauung des Areals im Spätmittelalter den Parzellenzuschnitt weiterhin bestimmte.

Bis zu den verheerenden alliierten Luftangriffen vom 19. bis 24. Dezember 1944 war die „Weberbach" mit einer noch weithin geschlossenen Zeile giebelständiger gotischer Stadthäuser bebaut gewesen. In dem Abschnitt zwischen Graugasse und Kuhnenstraße hatten vier im Kern spätmittelalterliche Häuser gestanden, die Anwesen Weberbach Nr. 43-46 [Abb. 1]. Aufgrund der schweren Zerstörungen in diesem Teil der „Weberbach" sah man nach dem Krieg davon ab, die Häuser wiederaufzubauen. Die Trümmer der kriegszerstörten Gebäude wurden einplaniert, die zugehörigen Keller verfüllt. Drei der vier Grundstücke (Nr. 43-45) gingen in den 1950er Jahren, das letzte Grundstück, Weberbach 46/Ecke Kuhnenstraße, ging 1967 in das Eigentum der Stadt über. Fortan diente das Gelände als provisorischer städtischer Parkplatz.

1

Trier, Weberbach. Westliche Straßenzeile mit den Häusern Nr. 43-46 zwischen den Einmündungen der Graugasse (links im Hintergrund) und der Kuhnenstraße (vorn rechts). Ansicht von Nordosten, 1930er Jahre.

Die aktuelle Neubaumaßnahme knüpfte damit an eine historisch gewachsene, seit dem Spätmittelalter fassbare Bauflucht entlang der „Weberbach" an.

Die Westfassade der Kaiserthermen – zum Stand der bisherigen Forschungen

Der westliche Gebäudeabschluss der spätantiken Thermen liegt bekanntlich außerhalb der umzäunten, förmlich geschützten archäologischen Zone der UNESCO-Welterbestätte „Kaiserthermen" und reicht knapp 20 m weit in den Straßenraum der „Weberbach" [Abb. 2]. Das archäologische Freigelände endet im Westen mit der großen Dreiviertelkreisnische an der Westseite des Thermenhofes (vgl. die Kartierung bei Ostermann 2001, nach S. 370). Die genannte Exedra (Krencker 1929, Taf. 1-2 Raum 45) öffnet sich nach Westen und bezeichnet die Mittelachse der Thermen. Ihr westlich vorgelegt waren eine weitere Raumflucht sowie eine langgestreckte Portikus, die dem spätantiken Großbau als westlicher Abschluss auf der gesamten Breite von ca. 140 m vorgeblendet war. Aufgrund der Lage im städtischen Verkehrsraum sind die Baureste dieser westlichen Gebäudeteile der Kaiserthermen für großflächige Untersuchungen unzugänglich geblieben.

2
Trier, Kaiserthermen. Gesamtansicht des archäologischen Freigeländes von Westen mit der Straße „Weberbach" und der aktuellen Grabungsfläche im Vordergrund, März 2015.

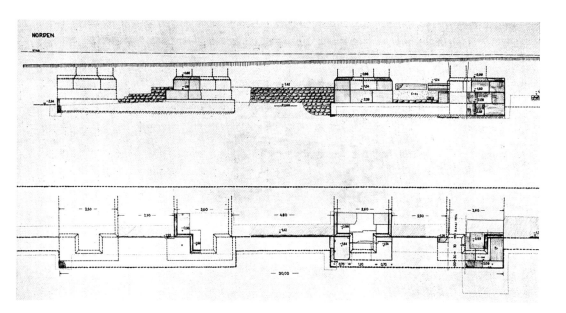

Daniel Krencker standen daher bei der Rekonstruktion der Westfront der Kaiserthermen nur einige kleinräumige und zudem wenig aussagekräftige Grabungsaufschlüsse zur Verfügung. Er war gezwungen, sich bei seinen zeichnerischen Entwürfen in erster Linie auf architektonische Analogien zu stützen (Krencker 1929, 148-151 Abb. 185 Taf. 11a). Dies gilt nicht zuletzt für seine Rekonstruktion der Portalsituation in der Mittelachse der Thermen.

Im Rahmen der städtischen Kanalisationsarbeiten hatte man zu Beginn des 20. Jahrhunderts bei der Anlage eines Hausanschlusses vor dem Haus Weberbach 46/Ecke Kuhnenstraße im dortigen Graben die Fundamentmauer der westlichen Gebäudefront der Kaiserthermen punktuell erfasst. Die Fundamentbreite konnte damals auf 2,80 m bestimmt werden (Skb. 68, S. 15).

Erst im Jahr 1949 wurde bei der Verlegung einer Fernheizung das Portal der Westfassade, ein dreigliedriges Tor in der Mittelachse der Thermen, angeschnitten [Abb. 3] (Jahresbericht 1945-1958, 402-405 Abb. 44-46). Die Fundstelle lag am westlichen Rand der Straße Weberbach, im dortigen Bürgersteigbereich. In dem nur 1,20 m breiten und ca. 1,60 m tiefen Leitungsgraben konnte der Baubefund nicht vollständig freigelegt werden. Der Aufschluss war jedoch ausreichend, um die Gesamtbreite des Portalbaus auf etwa 20 m zu berechnen.

Das Portal, das noch bis zur Sockelhöhe erhalten war, trat nur leicht aus der Flucht der Portikusfront nach Westen vor. Der hervorgehobene mittlere Tordurchgang maß 4,60 m und war seitlich von zwei schmaleren, 2,50 m breiten Zugängen eingefasst. Die ehemalige Schwelle des Mitteldurchgangs – nicht erhalten – war der im Fundament 2,80 m breiten Thermenabschlussmauer unmittelbar aufgesetzt worden [Abb. 4]. Auf der Basis von Mörtelresten bezifferte Wilhelm Reusch die Höhenlage der einstigen Schwelle mit ca. 142,62 m ü. NN (Reusch/Lutz/Kuhnen 2012, 195).

3
Trier, Kaiserthermen.
Westportal, teilergänzter Grundriss und Ansicht der Sockelzone nach dem Grabungsbefund von 1949.

4
Trier, Weberbach.
Mittlerer Abschnitt des Westportals der Kaiserthermen mit dem Unterbau der ausgebrochenen Torschwelle.
Ansicht von Norden, 1949.

Die beiden seitlichen Zugänge waren dagegen auf mächtigen Podien aus Quadermauerwerk errichtet worden. Für diese Podien hatte man auf großformatige Kalk- und Sandsteinquader zurückgegriffen, die zuvor bereits mehrfach verwendet worden waren, wie verschiedene Klammer- und Hebelöcher und andere Bearbeitungsspuren erkennen ließen [**Abb. 5**]. Einer der Quader trug einen zweizeiligen Abschnitt einer monumentalen Stiftungsinschrift mit Buchstabenhöhen von 18-19 cm.

Die beiden Podien der Seitenzugänge wiesen eine Breite von 7,90 m auf (nur das südliche konnte vollständig freigelegt werden) und setzten sich aus drei, je 50-60 cm hohen Quaderlagen zusammen. Die unterste Lage trat ca. 1,30 m aus der Gebäudefront vor; die beiden Quaderlagen darüber waren treppenförmig aufgesetzt mit Rücksprüngen von jeweils rund 30 cm. Die oberste Quaderlage der Podien war beiderseits der seitlichen Durchgänge zu 1,25 m breiten Wandvorlagen ausgestaltet, die 0,70 m aus der Thermenfront hervortraten [**Abb. 6**]. Diese Vorlagen bildeten die vier Sockel für die einst aufsitzende architektonische Wandgliederung des Portals. Ein einfaches Anlaufprofil an der Oberkante vermittelte zwischen der Sockelzone und der zurücktretenden vertikalen Baudekoration.

In einer Tiefe von ca. 141,50 m ü. NN (das heißt 2,60 m unter der damaligen Bezugshöhe, der Türschwelle in Raum T aus der Umbauphase der Kaiserthermen) wurde ein römisches Straßenniveau punktuell erfasst, das von den Ausgräbern der Nutzungszeit der Kaiserthermen zugeordnet wurde. Das Straßenniveau lag etwa auf einer Höhe mit der Unterkante der untersten Quaderlage der Podien. Die Höhendifferenz zwischen dem damals beobachteten Straßenniveau und den ergänzten Türschwellen lag bei mindestens 1,20 m, sodass die Ausgräber für ihre zeichnerische Rekonstruktion des Westportals einen Treppenaufgang mit sechs Stufen zugrunde legten (vgl. Jahresbericht 1945-1958, 403).

Hans Eiden, der den Grabungsbefund von 1949 erstmalig vorstellte, war sich sicher, dass die architektonische Gliederung der Westfassade „in dem neu ergrabenen Zustande zweifellos der Thermen- und nicht der späteren Umbauperiode angehört" (Eiden 1958, 352). Die von ihm vorgelegte Rekonstruktion reproduzierte die zeichnerische Ansicht Krenckers, die auf der Grundlage der Grabungsergebnisse an der Westfassade modifiziert wurde (Eiden 1958, 352 Abb. 7). Sie zeigt den Westabschluss der Kaiserthermen als langgestreckten, geschlossenen Baukörper, der durch einen wuchtigen Torbau in der Zentralachse herausgehoben wird. Diesen Gesamteindruck vermittelt auch eine in jüngerer Zeit erstellte computergestützte Thermenrekonstruktion (Goethert 2010 Abb. S. 129).

Fundamente eines projektierten Eingangsbaus

Nach den Ergebnissen der Untersuchungen des Jahres 1949 war davon auszugehen, dass das Grabungsgelände an der Westseite der „Weberbach" gut 5 m vor der Westfassade der Kaiserthermen liegt.

Im Rahmen der Ausgrabungen von 2014-2015 sind am östlichen Rand der Grabungsfläche unerwartet Grundmauern eines bisher unbekannten spätrömischen Eingangsbaus der Kaiserthermen zutage gekommen [**Abb. 7**]. Sie beinhalteten zwei massive Fundamentblöcke aus Gussmauerwerk mit einer Breite von ca. 7,30 m, die in direkter westlicher Verlängerung des 1949 untersuchten Portals aufgedeckt wurden. Nur der nördliche wurde auf gesamter Breite erfasst; der südliche dürfte sich – bei vorauszusetzendem symmetrischem Aufbau – nach Süden noch ca. 2 m über den Südrand der Grabungsfläche hinaus fortsetzen. Dabei fällt ins Auge, dass die vermutete südliche Kante dieses Fundamentblocks den nördlichen Rand der mittelalterlichen Graugasse an der Einmündung in die „Weberbach" markiert.

Die beiden Fundamentstümpfe ragten nach Westen rund 7,20 m weit in das Ausgrabungsfeld hinein, wo sie in die mittelalterlichen Keller der kriegszerstörten gotischen Stadthäuser integriert waren [**Abb. 8**]. Unklar bleibt die Ausdehnung der Fundamente nach Osten, in Richtung Kaiserthermen. Offenkundig bildeten sie keine durchgehende Mauermasse mit den weiter östlich gelegenen Fundamentpodien für die seitlichen Zugänge des 1949 angeschnittenen Westportals der Kaiserthermen. Hierfür spricht eine wichtige Beobachtung, die der weitsichtigen archäologischen Dokumentation der Kanalverlegungsarbeiten bei der Kanalisation der Stadt Trier zu Beginn des 20. Jahrhunderts

7

Trier, Weberbach.
Spätantike Torbaufundamente
mit Bauresten eines nach Norden
abgehenden Kanals.
Übersicht von Norden, Juni 2015.

8
*Trier, Weberbach.
Nördlicher spätantiker
Fundamentblock aus Gussmauerwerk, im Spätmittelalter
stufenförmig abgearbeitet und
als Unterbau für die Kellertreppe
des Hauses Nr. 45 genutzt.
Auf der Fundamentoberkante
aufliegende Ziegellagen.
Ansicht von Norden, Mai 2015.*

9
*Trier, Weberbach.
Spätantike Fundamentblöcke, im
Spätmittelalter bei der Anlage
der Keller der Häuser Nr. 43-45
großenteils abgetragen.
Ansicht von Westen, Mai 2015.*

verdankt wird (Schindler 1979, 162 Nr. 74. – RLM Trier, Pläne F 9; K 14). Im Zuge dieser Arbeiten wurde vom damaligen Provinzialmuseum in dem fraglichen Abschnitt der „Weberbach" die römische Nord-Süd-Straße H über eine längere Distanz in Längsrichtung aufgedeckt (vor den ehemaligen Anwesen Nr. 44 bis 51). In dem Kanalgraben, der im westlichen Gehsteig der „Weberbach", nur etwa 2 m östlich des jetzigen Grabungsrandes mit den dortigen Fundamentblöcken angelegt worden war, wurden seinerzeit bis in eine Tiefe von fast 4 m offenbar ausschließlich Schichten der römischen Nord-Süd-Straße, jedoch kein Fundamentmauerwerk angetroffen.

Zwischen den beiden Fundamentblöcken erstreckte sich ein 4,85 m breiter, nicht fundamentierter Zwischenraum [**Abb. 9**], der exakt in der Mittelachse der Kaiserthermen lag und mit der Durchgangsbreite des mittleren Tordurchgangs des 1949 aufgedeckten Portals (4,60 m) korrespondierte. Lage und Orientierung der Fundamentkörper wiesen deutlich auf einen Funktionszusammenhang mit den Kaiserthermen hin [**Abb. 10**].

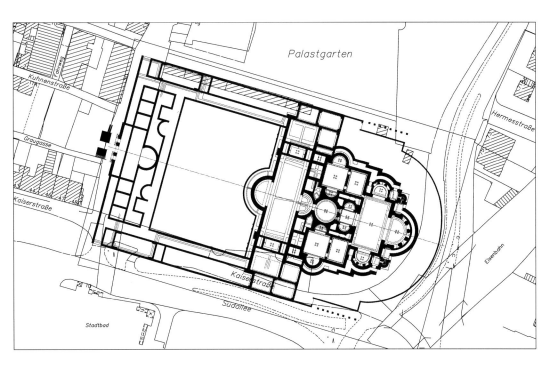

Auch in ihrer Bauweise ähnelten die aufgedeckten Fundamentblöcke dem Kernmauerwerk der Kaiserthermen. Es handelte sich um hartes Gussmauerwerk mit Bruchsteinen, für die man in erster Linie auf frisch gebrochenen Muschelkalkstein zurückgriff. Daneben gelangten aber auch Architekturspolien als Füllmaterial in den Mauerkern (siehe Exkurs). Das Bindemittel war ein sehr fester, kalkreicher Kiesmörtel, der praktisch keine Schieferanteile enthielt.

Die Fundamentblöcke wurden als Schichtmauerwerk in vorausgeschachteten, rechteckigen Fundamentgruben errichtet und ohne weitere Holzverschalung unmittelbar gegen die Erde gesetzt. Beim Anlegen der Fundamentgruben waren sämtliche Straßenschichten der Vorthermenzeit durchtrennt worden. Die Gründungssohle wurde im Zuge der Ausgrabungen einheitlich bei ca. 138,95 m ü. NN festgestellt, sodass sich eine Fundamentgesamtstärke von 2,65 m ergibt. Für die Gründung selbst hatte man auf eine trocken gesetzte Packlage verzichtet und die Fundamentmasse unmittelbar auf dem anstehenden feinschiefrigen Schluff aufgebracht. Wie am nördlichen Block beobachtet werden konnte [Abb. 8], trat diese an der Außenseite mit den untersten Lagen als leicht ausschwingender Absatz vor. In diesen unteren Fundamentbereichen waren neben Kalksteinen auch einzelne Rotsandsteinbrocken verbaut worden.

Die Erhaltungshöhe der Fundamente variierte stark, da diese im Spätmittelalter bei der Errichtung der Kelleranlagen der Häuser Nr. 43-45 zum großen Teil abgetragen worden waren. Ganz am östlichen Rand der Grabungsfläche wurden allerdings noch die ursprünglichen Oberkanten beider Fundamentblöcke vorgefunden. Mit einem Nivellement von jeweils 141,60 m ü. NN lagen diese etwa 2,50 m unter heu-

10

Trier, Kaiserthermen. Rekonstruierter Gesamtplan des ersten Bauzustandes mit Eintragung der Torbaufundamente an der Westfassade, aufgelegt auf die amtliche Stadtgrundkarte.

11
Trier, Weberbach.
Südlicher Fundamentblock mit
aufliegenden Ziegellagen; rechts
aufsitzende mittelalterliche
Stirnmauer des Hauses Nr. 43
(im Bildhintergrund und links
Betonbohrpfähle der modernen
Baugrubensicherung).
Ansicht von Norden, August 2014.

tigem Gelände. Diese östlichen Fundamentteile befanden sich vor der gotischen Häuserzeile und blieben daher von den Abgrabungen für die Hauskeller unberührt. In diesen Bereichen konnte an beiden Fundamentblöcken ca. 20 cm starkes Ziegelmauerwerk mit drei bis vier einzelnen Ziegellagen beobachtet werden, das dem Gussmauerwerk auflag. Die Ziegellagen bedeckten ursprünglich die gesamte Fundamentoberfläche. Dies zeigte eindrücklich die gemeinsame Kellerwand der Häuser Weberbach Nr. 44 und 45, in die der Fundamentblock in voller Höhe einschließlich der aufliegenden Ziegellagen einbezogen worden war. Aufschlussreich für die Befunddeutung war die Beobachtung, dass auf der obersten der Ziegellagen keine Mörtelmasse aufgetragen worden war [Abb. 11].

Bautechnisch gesehen fungierten diese Ziegel als nivellierende Ausgleichsschicht auf dem Fundament, um mögliche Höhendifferenzen auf der Tragschicht anzugleichen und einen ebenen Baugrund herzustellen. Sie markierten den Übergang von der Fundamentebene zum aufgehenden Bauwerk. Dr. Klaus-Peter Goethert machte die Verfasser freundlicherweise auf eine entsprechende Ausgleichsschicht auf dem Fundament der konstantinischen Palastaula (,Basilika') aufmerksam.

Bei der Herstellung der Ausgleichsschicht waren Ziegel unterschiedlicher Formate und ausgesonderte Bruchstücke verwendet worden. Aus den Ziegelschichten beider Fundamentblöcke konnten insgesamt sieben gestempelte Exemplare ermittelt werden [Anhang Nr. 1-7]. Mit Stempeln der Gruppen Adiutex [Nr. 2] und Capi [Nr. 7] sind zwei Großziegeleien vertreten, die Baumaterial für die konstantinischen Residenzbauten Triers und die frühchristliche Kirchenanlage geliefert haben. Die Capi-Gruppe ist durch den Stempeltyp CAPIE [Nr. 7] vertreten, eine relativ seltene Variante innerhalb dieser Gruppe. Gleich mehrere stempelgleiche Belege dieses Typs liegen aus den Kaiserthermen vor, wo sie bei den großen Ausgrabungen 1912-1914 (allerdings wohl nicht in originalem Mauerwerksverbund) zutage gefördert wurden. Das Gleiche gilt für die Stempel AD G [Nr. 1] und AD PRO [Nr. 5], für die ebenfalls stempelgleiche Exemplare aus den Kaiserthermengrabungen belegt sind.

Neben den bautechnischen Bezügen deuten entsprechend auch die Ziegelstempel auf eine enge Verknüpfung der aufgedeckten Fundamentblöcke mit den Kaiserthermen.

Umplanungen und bauliche Veränderungen

Angesichts ihrer Massivität und ihrer Lage in der Mittelachse der Kaiserthermen sind die beiden Gussmauerfundamente als Unterbau einer überwölbten Eingangshalle der Kaiserthermen zu interpretieren, die um rund 14 m aus der Flucht der Thermen vorspringen sollte. Allerdings weist der archäologische Befund darauf hin, dass der geplante Eingangsbau nicht über die Fundamentebene hinaus gediehen und im Aufgehenden niemals ausgeführt worden ist.

An den Fundamentblöcken sind verschiedene Planänderungen ablesbar: Vom Inneren des nördlichen Fundamentblocks ausgehend verlief ein gemauerter Kanal in Richtung Norden, der noch über eine Strecke von 5,60 m verfolgt werden konnte [Abb. 12]. Der weitere Kanalverlauf war durch nachantike Bodeneingriffe nicht mehr feststellbar.

12
Trier, Weberbach.
Nachträglich zugesetzter Kanal an der Nordseite des nördlichen Fundamentblocks.
Blick nach Süden, September 2014.

Die Sohle des innen zwei römische Fuß breiten Kanals (ca. 60 cm) war nicht gemauert, sodass die Kanalwangen dem Erdreich direkt aufsaßen. Die Wangen waren mit Muschelkalksteinen unterschiedlicher Formate und Zurichtung errichtet worden. In der westlichen Seitenmauer des Kanals waren in Zweitverwendung Keilsteine eines Kalksteinbogens verbaut worden. Etwa 75 cm oberhalb der Kanalsohle wiesen beide Kanalwangen eine durchgehende Ziegellage auf. Der Höhenwert dieser Ziegelreihe bei 141,48 m ü. NN korrespondierte mit dem Ansatz des Ziegelmauerwerks auf dem Gussmauerwerk der beiden Fundamentblöcke.

Die beiden durchgehenden Ziegellagen der Kanalwangen enthielten insgesamt fünf Ziegel mit Stempeln [Anhang Nr. 8-12]. Dabei war bemerkenswert, dass zwei dieser Stempel – und zwar einer aus der Adiutex-Gruppe [Nr. 9] und ein weiteres, nicht klar deutbares Exemplar [Nr. 12] – stempelgleiche Pendants im Ziegelmauerwerk des nördlichen Blocks besaßen [Nr. 2; 4]. Diese Tatsache deutet darauf hin, dass Fundamentblock und Kanal mit den gleichen Materialchargen beliefert worden sind.

Die enge Verzahnung beider Bauelemente wird auch aus dem archäologischen Befund deutlich: Der gemauerte Kanal stieß gegen die Nordseite des Fundamentblocks. Der weitere Verlauf der Kanalröhre war als Durchlass im Inneren des Gussmauerkerns angelegt. Noch ehe man die Einwölbung des Kanals vorgenommen hatte, war er im Bereich des Fundamentblocks mit Gussmauerwerk verschlossen worden, das rund 3,30 m weit in den nördlich anschließenden, frei gemauerten Teil des Kanals reichte. Dass die Kanalleitung zu diesem Zeitpunkt noch nicht fertiggestellt war, zeigte der Umstand, dass die Mörtelmasse des Füllmaterials über die Oberkante der Kanalwangen geflossen ist.

13
Trier, Weberbach.
Querschnitt des zugesetzten
Kanals im Gussmauerwerk des
nördlichen Fundamentblocks,
Juli 2015.
Kanal in Richtung Westen durch
mittelalterlichen Keller des
Anwesens Nr. 44 gekappt.

Die Kanalinstallation im Fundamentkern des Eingangsbaus der Kaiserthermen dürfte als Drainage zur Ableitung von Oberflächenwasser konzipiert worden sein. Wie die Untersuchungen ergaben, änderte der Nord-Süd laufende Durchlass im mittleren Bereich des Fundamentkerns seine Richtung und bog nach Westen ein. Der weitere westliche Kanalverlauf bleibt unklar, da der fragliche Bereich des Gussmauerblocks im Spätmittelalter bei der Errichtung des Hauses Nr. 44 abgearbeitet wurde [**Abb. 13**].

Südlich des abwinkelnden Kanals wurde in der obersten Lage des Ziegelmauerwerks eine 55-58 m breite Furche beobachtet. Diese war nicht im Mauerwerk ausgespart, sondern nachträglich in die Ziegel eingeschnitten worden. Offenkundig sollte sie einen weiteren Kanalstrang, vielleicht in Form einer Rohrleitung, aufnehmen, der dem Hauptkanal von einer etwa 55 cm höher gelegenen Ebene aus südlicher Richtung weitere Abwässer zuführen sollte. Auch dieser Leitungsstrang kam nicht zur Bauausführung.

Angesichts der rudimentären Befundüberlieferung (der südliche Fundamentblock erbrachte keine Hinweise auf ein entsprechendes Kanalsystem) erschließt sich das Konzept des geplanten Entwässerungssystems für den Eingangsbau nur in Ansätzen. Es war vorgesehen, mehrere Kanalstränge an einem Sammelpunkt im Inneren des nördlichen Fundamentblocks zusammenzuführen und die anfallenden Abwässer über einen Hauptkanal in Richtung Norden abzuleiten. Dieser Kanal für das Oberflächenwasser hätte womöglich an das Kanalsystem angebunden werden sollen, das 2010 bei Ausgrabungen etwa 60 m weiter nördlich, an der Ecke Weberbach/Wechselstraße, angeschnitten wurde (Hupe 2012/13, 436 f. Abb. 43; 441-443 Abb. 47-51).

In der Folge waren die Bauarbeiten an den Fundamenten des Eingangsbaus zum Erliegen gekommen. Die Fundamentoberflächen hatten anscheinend längere Zeit freigelegen, worauf humose Einschwemmungen hindeuteten. Mit der Schließung des Hohlraums des noch unfertigen Kanals wurden die Arbeiten zu einem späteren Zeitpunkt mit einer gänzlich anderen planerischen Zielsetzung wiederaufgenommen: Die Blockfundamente der geplanten Thermenvorhalle blieben als Torso liegen und wurden zumindest teilweise mit einem Plattenbelag überbaut. Von diesem Belag wurden noch zwei schwere Muschelkalkplatten über dem nördlichen Fundamentblock *in situ* angetroffen [**Abb. 14**]. Ihre belaufene Oberfläche lag bei ca. 142,00 m ü. NN und markierte ein spätrömisches Nutzungsniveau. Die beiden Kalksteinplatten ruhten auf einem Mörtelbett mit einer Packlage, die vorgefundene Unebenheiten auf der Fundamentkrone sorgfältig ausglich [**Abb. 15**]. An der Südseite zeigte der ansonsten unregelmäßig gesetzte Unterbau der Platten einen geraden Abschluss. Dieser Umstand spricht dafür, dass an dieser Seite ein weiteres Bauglied bündig anstieß.

Wegen der mittelalterlichen Überprägungen und Abgrabungen bleibt unklar, welche Ausdehnung der Belag aus Kalksteinplatten ursprünglich besessen hat. Weitere Funde entsprechender Platten, zum Teil mit Kantenlängen bis zu 2 m, die in Sturzlage zwischen den beiden Blöcken und im westlichen Vorfeld angetroffen wurden (dort in der Verfüllung einer hochmittelalterlichen Sandgrube [Abb. 9]), deuten darauf hin, dass größere Flächen im Bereich der Fundamentblöcke bei der Umplanung des Westportals der Kaiserthermen mit einem Plattenboden überdeckt wurden.

14
Trier, Weberbach.
Muschelkalkplatten mit Packlage auf nördlichem Fundamentblock.
Blick nach Norden, April 2015.

15
Trier, Weberbach.
Nördlicher Fundamentblock mit freiliegendem Unterbau der Muschelkalkplatten; nördlich anschließend der mit Gussmauerwerk verfüllte Kanal.
Blick nach Westen, Juni 2015.

Der Westabschluss im Licht der Baugeschichte der Kaiserthermen

Mit der Aufdeckung der Fundamente für eine Vorhalle an der Westseite der Thermen wurde die komplexe Baugeschichte dieses spätantiken Großbaus um eine bemerkenswerte Facette bereichert. Der geplante, im Fundament ca. 19,45 m breite Eingangsbau in der Mittelachse der Thermen sollte rund 14 m aus der westlichen Gebäudeflucht vortreten. Der vortretende Baukörper gehört damit zur Thermenphase, das heißt zum ursprünglichen Entwurf des als Thermen konzipierten Monumentalbaus.

Der Gedanke eines aus der Mittelachse vortretenden Eingangstraktes war anscheinend bereits bei den 109 n. Chr. eingeweihten stadtrömischen Trajansthermen angelegt (Nielsen 1990 II, 2-3 C.4; 85 Abb. 53). Sie gelten entwicklungsgeschichtlich als „Prototyp" für die großen imperialen Thermen Roms (Künzl 2013, 56-59). Die späteren Großthermen in der Hauptstadt, die Caracalla- und die Diokletiansthermen, griffen die Eingangsgestaltung der Trajansthermen nicht weiter auf. Der Hauptzugang ist vielmehr in eine geschlossene Fassade eingebunden und tritt nicht aus der Gebäudeflucht vor.

Die Konzeption für eine Vorhalle an der Westfront der Trierer Kaiserthermen lag womöglich in der spezifischen städtebaulichen Situation begründet: Über das Gelände der späteren Thermen führte spätestens seit der Mitte des 1. Jahrhunderts n. Chr. eine Straße in Richtung Westen (Nr. 9 nach Schindler 1979). Die ca. 12,50 m breite, über das Forum zur Römerbrücke führende Trasse markierte die ostwestliche Mittelachse, den *decumanus maximus* des antiken Straßensystems. Als gegen Ende des 3. Jahrhunderts, im Zusammenhang mit der Erhebung

Triers zur Residenz 293 n. Chr., die Arbeiten an dem Thermenbau einsetzten, wurde der Großbau axial auf die Ost-West-Magistrale ausgerichtet (Goethert 2010, 123); die dort bestehenden Wohnquartiere beiderseits der Straßentrasse wurden einplaniert und überbaut. Die Kaiserthermen bildeten fortan den architektonisch „glanzvollen östlichen Abschluss der von der Römerbrücke über das Forum führenden Mittelachse" (Brödner 1983, 235).

Mit der westlichen Gebäudefassade stießen die Thermen an die bestehende Nord-Süd-Straße H, sodass die vorspringende Eingangshalle in den Kreuzungspunkt dieser Straße mit der vormaligen Ost-West-Straße (Schnittpunkt H/9) gesetzt wurde. Aufgrund ihrer Lage an diesem urbanistisch markanten Punkt dürfte sie als „Quadrifrons" beziehungsweise „Tetrapylon" konzipiert worden sein. Mit diesen beiden Begriffen bezeichnet die Forschung viertorige Bogenmonumente der römischen Architektur, die an allen vier Seiten von Archivolten, also profilierten Bögen, durchbrochen werden (zu diesem Bautyp umfassend: Mühlenbrock 2003). Das geplante Tetrapylon hätte sowohl die Verkehrspassage in Nord-Süd-Richtung aufrechterhalten als auch den städtischen Raum zwischen dem Forum und dem Thermenbau repräsentativ eingefasst. Womöglich war angestrebt worden, einen direkten architektonischen Sichtbezug zwischen dem Bogenmonument und der Toranlage in der Mittelachse des östlichen Forumshofes herzustellen. Überreste der mächtigen L-förmigen Fundamentblöcke dieses Forumszuganges wurden in den Jahren 1995/96 rund 110 m weiter westlich auf dem Gelände der ehemaligen Firma Heil (heute Grundstück Kaiserstraße 36/37) aufgedeckt (Clemens/Löhr 1997, 379-380 Abb. 15-16). Mit Abmessungen von 5,60 x 5,10 m erreichten sie nicht ganz die Dimensionen der Gussmauerblöcke für die geplante Vorhalle der Kaiserthermen.

Die genaue Anbindung des geplanten Bogenmonumentes an das Thermengebäude bleibt unklar. Wie bereits oben angemerkt, reichten die beiden Fundamentblöcke ganz offenbar nicht bis an die westliche Gebäudeflucht der Thermen heran. Die Beurteilung wird auch dadurch erschwert, dass bei den baubegleitenden Grabungen von 1949 die Gründungsebene unter den Quaderpodien des Westportals aufgrund der damaligen Rahmenbedingungen nicht eingehender untersucht werden konnte. Die Unterkante der Quaderpodien wurde nur an einer Stelle mittels einer Sondage erfasst, und zwar an der Südecke des südlichen Podiums. Nähere Angaben zu dem darunter sitzenden Fundamentmauerwerk liegen nicht vor. Bezogen auf den heutigen Wert über Normal Null wurde die Gründungsebene des Quaderpodiums seinerzeit bei etwa 141,50 m ü. NN festgestellt. Diese Höhenangabe deckt sich sehr gut mit der Oberkante der nivellierenden Abgleichschicht aus Ziegelmauerwerk auf den beiden Gussmauerblöcken, die mit 141,57-60 m ü. NN eingemessen wurde.

Kurz angesprochen werden muss die grundsätzliche Möglichkeit, dass die aufgedeckten Fundamentblöcke den Unterbau für ein eigenständiges Bogenmonument ohne bauliche Einbindung in die Kaiserthermen hätten bilden sollen. Ein solcher auf zwei Schauseiten ausgerichteter Bogen hätte sich in einem Abstand von maximal fünf Metern vor dem Hauptportal der Thermen befunden. Angesichts der aufgrund der mächtigen Fundamentierung zu erwartenden Höhe dieses Bogens erscheint der Standort für ein solches eigenständiges Monument im Stadtgefüge wenig plausibel. Zudem weisen die angesprochenen Bezüge der Ziegelstempel deutlich auf einen baulichen Zusammenhang mit den Kaiserthermen hin.

Die ‚viertorige' Eingangshalle zu den Kaiserthermen war nicht als völlig freistehendes Tetrapylon konzipiert worden, da die beiden östlichen Pfeiler in den Gebäudekörper der Thermen integriert werden sollten. Eine vergleichbare Einbindung in einen anschließenden Baukomplex zeigt etwa das Tetrapylon von Conimbriga (beim heutigen Coimbra/Portugal), das als Eingangsmonument Zugang zum flavischen Forum bot (Mühlenbrock 2003, 192-194 Taf. 18).

Auf dem Gebiet der Militärarchitektur ist die monumentale Torhalle im Legionslager von Lambaesis (Algerien), dem Standlager der *legio III Augusta*, zum Vergleich heranzuziehen (Rakob/Storz 1974, 253-280. – Rakob 2001, 7-40. – Mühlenbrock 2003, 116; 195-199 Taf. 20,1-2). Nach Ausweis der Bauinschrift wurde das Bogenmonument von Lambaesis gegen Ende der Regierungszeit des Kaisers Gallienus (267/268 n. Chr.) fertiggestellt (Kolbe 1974, 281-300; bes. 284-290; 300 Abb. 3), wobei es einen älteren Bau an dieser Stelle ersetzte. Das 23,25 x 32,80 m große, noch bis zu 15 m Höhe erhaltene Bogenmonument lag im Zentrum des Lagers, über dem Mündungspunkt der *via praetoria* auf die *via principalis*, den beiden Hauptstraßenachsen eines Militärlagers. An drei Seiten trafen Straßenabschnitte auf den Bogen, während die vierte, die südliche Seite, in die Portikus des anschließenden Lagerforums eingebunden war und sich zu den *principia*, dem Stabsgebäude des Lagers, öffnete. Das Tetrapylon von Lambaesis war als Durchgangsmonument über den Schnittpunkt zweier Hauptverkehrsachsen gesetzt worden und band gleichzeitig als monumentalisierter Torbau der *principia* den dahinter gelegenen Baukomplex in den Verkehrsraum ein.

Eine vergleichbare städtebauliche Funktion dürfte für das Bogenmonument an der Westseite der Kaiserthermen beabsichtigt worden sein. Zur Umsetzung dieser Pläne ist es nicht gekommen. Im Rahmen einer spätantiken Umplanung, die mangels datierbaren Fundmaterials zeitlich nicht präzis zu fassen ist, wurde die unfertige Kanalleitung des nördlichen Fundamentblocks mit Gussmauerwerk verschlossen, die Fundamentkronen mit einem Kalksteinplattenbelag überbaut. Dessen Oberfläche (bei ca. 142,00 m ü. NN) bildete fortan ein spätrömisches Laufniveau. Ein Abgleich mit der entsprechenden Nutzungshöhe der Nord-Süd-Straße H erweist sich als problematisch, da die betreffenden spätantiken Niveaus dieser Straße in den Grabungsaufschlüssen stets durch nachantike Abgrabungen gekappt waren. Legt man die Ergebnisse der Untersuchungen des frühen 20. Jahrhunderts (Schindler 1979, 162 Nr. 74; 169 Abb. 13), von 1949 sowie von 2010 (Hupe 2012/13, 438-439 Abb. 44) zugrunde, so muss diese spätantike, einst wohl mit Kalksteinplatten überzogene Straßenoberfläche oberhalb eines Höhenwertes von ca. 141,50 m ü. NN gelegen haben.

In Richtung Westen konnte die vorthermenzeitliche Ost-West-Straße 9 in der Grabungsfläche über eine Distanz von 36,80 m untersucht werden. Mit einem kontinuierlichen Gefälle von ca. 2 % nach Westen zeichnete sie den Verlauf der frührömischen Geländeoberfläche nach. Die Oberkante des jüngsten und höchstgelegenen vorthermenzeitlichen Kiespaketes dieser Straße wurde unmittelbar westlich der spätantiken Fundamentblöcke auf einer Höhe von ca. 140,70 m ü. NN angetroffen. Das spätrömische Nutzungsniveau muss entsprechend höher gelegen haben. Die vermutete Höhendifferenz von rund 1 m zwischen diesem Niveau und dem des Plattenbelages auf den überbauten Gussmauerblöcken dürfte mit einer Treppenanlage ausgeglichen worden sein.

In diesem Zusammenhang ist bemerkenswert, dass auf der gesamten Grabungsfläche keine Anzeichen weiterer spätantiker Baustrukturen vorhanden waren – weder in Form von Fundamenten noch deren Ausbruchgräben. Dieser Befund legt als Hypothese nahe, dass das Areal zwischen Forum und Kaiserthermen als öffentlicher städtischer Raum ausgestaltet war, der eine direkte Sichtachse zwischen beiden Monumentalbauten herstellte. Diese architektonisch gefasste Freifläche wird man sich am ehesten als gepflasterte Platzanlage vorstellen müssen.

Leider ist es im Zuge der Untersuchungen nicht gelungen, die Überbauung der Fundamentblöcke der geplanten Vorhalle durch Fundmaterialien zeitlich genauer zu fassen. Dieser spätrömische Umbau ist daher nur vermutungsweise mit der allgemeinen Baugeschichte der Kaiserthermen zu synchronisieren. Unter diesem Vorbehalt rekonstruieren wir die Bauabfolge für die Westfassade wie folgt:

Die Errichtung der Großthermen ab der Wende vom 3. zum 4. Jahrhundert sah einen aus der Westfassade vorspringenden Eingangsbau vor. Als die Bauarbeiten an den Thermen in den ersten Jahrzehnten des 4. Jahrhunderts zum Erliegen kamen, war die Eingangshalle über das Niveau der Fundamente nicht hinausgekommen. Sie blieb ebenso unfertig liegen wie die anschließende Hofbebauung (Reusch 1970/71, 246-250. – Reusch/Lutz/Kuhnen 2012, 166-168; 173-174).

Die spätere Überbauung der Torbaufundamente mit einem Plattenbelag könnte im Zusammenhang mit dem allgemeinen Umbau der noch nicht in Betrieb genommenen Thermen gestanden haben (vgl. dagegen mit neuen Beobachtungen: Dodt/La Torre 2014, 19-24 Abb. 4-6. – Dodt/La Torre 2015, 203-204). Beginn und Abschluss dieser sogenannten Umbauphase der Thermen sind allerdings archäologisch wenig fassbar. Womöglich ging ein Impuls für die Wiederaufnahme der Arbeiten von der Konsolidierung der politischen Verhältnisse unter Kaiser Valentinian I. (364-375 n. Chr.) aus, der ab 367 n. Chr. in Trier residierte.

Im Ergebnis entstand ein öffentliches Gebäude mit verändertem Grundriss, dessen Funktion (Verwaltungsbau, Kaserne?) bislang nicht abschließend geklärt werden konnte. Mit dieser Planänderung wurde die Idee einer aus der Bauflucht vortretenden Eingangshalle nicht mehr verfolgt. Stattdessen wurde ein Eingangsportal mit drei Durchgängen in der westlichen Gebäudeflucht des Großbaus errichtet. Die 1949 angeschnittenen Quaderpodien dieses Portals gehören damit erst in die zweite, das heißt die spätere Umbauphase der Kaiserthermen, und nicht in die ursprüngliche, diokletianisch-konstantinische Thermenphase, wie seinerzeit Eiden annahm (Eiden 1958, 352). Die Quaderpodien des dreigliedrigen Portals der Umbauphase nahmen die Fundamentbreiten der vortretenden Eingangshalle augenscheinlich auf [Abb. 10]. Dieser Umstand lässt darauf schließen, dass schon die ursprüngliche Planung an der Westseite des vorspringenden Eingangsbaus ein dreibogiges, entsprechend gegliedertes Portal vorgesehen hatte.

Die aufgedeckten Fundamentstrukturen der nicht ausgeführten Eingangshalle sind für die Planungs- und Baugeschichte der Kaiserthermen zweifelsohne von hoher Bedeutung. Angesichts ihrer fehlenden Anbindung an die Westfassade der Thermen bleiben wesentliche Fragen zum gegenwärtigen Zeitpunkt ungeklärt. Weitere Aufschlüsse könnten hier nur großflächige Untersuchungen im heutigen Straßenbereich der „Weberbach" erbringen.

Exkurs: Marmorluxus in schnöder Zweitverwertung – ‚Recycling' in der Spätantike

Bei der Herstellung der Gussmauerfundamente in diokletianisch-konstantinischer Zeit hatte man in größerem Stil auch auf Spolien, das heißt wiederverwendete ältere Architekturteile, zurückgegriffen: In den Fundamenten fanden sich zahlreiche kleingeschlagene Bauglieder von Marmorsäulen, die als Füllmaterial im Verbund mit Kalkmörtel in das Gussmauerwerk eingebracht worden waren [Abb. 16]. Etwa 240 Architekturfragmente wurden im Zuge der Grabungen im Mauerkern festgestellt und bei der kontrollierten Abtragung der Fundamentblöcke durch die Archäologische Denkmalpflege systematisch geborgen. Es dürfte sich damit um einen der größten zusammenhängenden Fundkomplexe marmorner Architekturplastik aus Trier handeln.

16
*Trier, Weberbach.
Bruchstücke marmorner Säulenglieder im südlichen Fundamentblock.*

17
Trier, Weberbach.
Cipollino, Makroaufnahme
(Säulenbruchstück FNr. 485/178).

18
Trier, Weberbach.
Schaftfragment mit Kanneluren-
wechsel, Cipollino (FNr. 486/16).

Abgesehen von Bruchstücken zweier Basen aus hellem, kristallinem Marmor (FNr. 485/184-185) sind es ausnahmslos Bruchstücke von Säulenschäften, die zwecks Wiederverwertung zumeist in Längsrichtung gespalten worden waren. Die weitaus größte Zahl dieser Schaftbruchstücke gehörte einer einzigen, offensichtlich sehr repräsentativen Portikusarchitektur an. Die Säulenschäfte bestehen einheitlich aus Cipollino, einem Marmor, der seit dem 1. Jahrhundert v. Chr. in Steinbrüchen auf der griechischen Insel Euböa abgebaut wurde. Dabei handelt es sich um einen großkristallinen, weiß-grünlichen Buntmarmor mit dichten, dunkelgrünen Glimmerschichten [**Abb. 17**] (Mielsch 1985, 58 Nr. 566-579 Taf. 17).

An den Säulenschäften ließen sich zwei Arten der Oberflächenbehandlung unterscheiden: zum einen Schaftabschnitte mit klassischer Kannelierung in Form senkrechter, gekehlter Furchen, die durch schmale Steggrate getrennt sind; zum anderen solche Abschnitte, in denen der Raum zwischen den Stegen mit flach gewölbten Stäben, sogenannten Pfeifen, gefüllt ist. Die unterschiedliche Bearbeitung der Oberflächen verweist nicht auf die Existenz unterschiedlicher Säulentypen, sondern kennzeichnet lediglich zwei Schaftabschnitte ein und derselben Säule. Dies verdeutlichten Schaftbruchstücke (FNr. 486/16; 486/61), die den Wechsel von gefüllten zu offenen Kanneluren zeigten [**Abb. 18**].

Nach Ausweis von offen kannelierten Bruchstücken mit Anlaufprofil am oberen Schaftende (FNr. 486/38 u. a.) betrug der obere Säulendurchmesser 0,38 m. Am Wechsel von offenen zu geschlossenen Kanneluren lag er bei 0,45 m. Der untere Säulendurchmesser konnte vorerst nicht exakt ermittelt werden. Er ist wohl mit rund 0,50 m zu veranschlagen.

Die recycelten Säulentrommeln gehörten zu einer Säulenform innerhalb der römischen Architektur, bei der die Kanneluren erst ab einer gewissen Höhe einsetzten. Im unteren Säulendrittel wurde die Vertikalgliederung auf dem Schaft nur durch eine flache Facettierung angedeutet, um diesen stärker exponierten Teil gegen Beschädigung zu schützen. Beispiele für diese Form der Säulengestaltung bieten die „Colonne di San Lorenzo" in Mailand oder die Säulen des sogenannten

Hafentempels in der *Colonia Ulpia Traiana* (Insula 37), nördlich des heutigen Xanten. Der dortige in mediterraner Art auf einem Podium errichtete Ringhallentempel mit Säulen und Gebälk aus lothringischem Kalkstein wird von der Forschung in die erste Hälfte des 2. Jahrhunderts datiert (Precht 1984, 22-23. – Schalles 2008).

Die Architekturglieder dürften zur Portikus einer repräsentativen Bauanlage der mittleren Kaiserzeit gehört haben, die im Zuge des Ausbaus Triers zur Kaiserresidenz um die Wende vom 3. zum 4. Jahrhundert niedergelegt worden ist. Es ist zu vermuten, dass dieser Bau in nicht weiter Entfernung gestanden haben wird.

Dr. Michael Dodt machte uns auf eine Bemerkung Friedrich Seyffarths aufmerksam, die in diesem Zusammenhang von großem Interesse ist. Seyffarth, preußischer Regierungs- und Baurat in Trier, hatte mit Mitteln der preußischen Regierung zwischen 1866 und 1871 Ausgrabungen in den Kaiserthermen vorgenommen. In seinem erst 1893 erschienenen Bericht erwähnt er unter anderem Bruchstücke von kannelierten Säulenschäften aus Cipollino (Seyffarth 1893, 11). Die Marmorfunde ordnete er den Kolonnaden der Hofanlage des sogenannten Kaiserpalastes (= Kaiserthermen) zu. Aufschlussreich ist seine Beschreibung: „Nur die Schäfte in den Colonnaden waren kanneliert und bestanden aus Cipollino. Dieselben hatten einen oberen Durchmesser von 0,38 m; im unteren Teile derselben waren die Kannelierungen nicht durchgeführt, sondern zwischen den Stegen nach Aussen bogenförmig ausgearbeitet; sie hatten römisch-korinthische Basen aus weissem Marmor von 0,29 m Höhe" (Seyffarth 1893, 14).

Leider geht aus Seyffarths Ausführungen nicht hervor, in welchem archäologischen Kontext die Säulenbruchstücke angetroffen wurden. Ganz offensichtlich entstammten sie derselben Bauanlage der mittleren Kaiserzeit wie die als Spolien in die konstantinischen Vorhallenfundamente eingebrachten Schaftfragmente. Angesichts ihrer Auffindung im Bereich des Thermenhofes muss die Möglichkeit einer ursprünglichen Zugehörigkeit zur dortigen vorthermenzeitlichen Wohnbebauung in Betracht gezogen werden. Allerdings wurden bei den umfangreichen Untersuchungen 1960-1966 unter Wilhelm Reusch, soweit wir sehen, keine weiteren Funde dieser Art getätigt. Überdies ist auch die Herkunft von einem öffentlichen Bauwerk zu erwägen, etwa einer Portikus des vorkonstantinischen Forums, die Umbaumaßnahmen zum Opfer gefallen ist.

Nach Mitteilung der Kollegin Dr. Sabine Faust verwahrt das Rheinische Landesmuseum als Altbestand einige Kleinfragmente von Cipollino-Säulen ohne klare Herkunftsangabe (angeblich „Basilika, 1912-1914"). Ihre Schäfte gehen ebenfalls von geschlossenen in offene Kanneluren über (EV 2016,51 FNr. 79) und gehören womöglich auch zu dieser Gruppe.

Der gesamte Marmorkomplex bedarf einer gesonderten Untersuchung.

Anhang: Liste der Ziegelstempel

Vorbemerkung: Ziegelmaße in Klammern geben Kantenlängen von Bruchstücken wieder.

Ziegelstempel aus dem nördlichen Fundamentblock:

1 AD G + Beizeichen   FNr. 486/6

Bauziegel, Fragment: (28,2) x (25,8) x 4,0 cm, Ton rotbraun. – Rechteckiges Stempelfeld: ca. 13,0 x 2,1 cm. Schrift erhaben, nach rechts immer schwächer werdend. Buchstabenhöhe: 1,9-2,0 cm. A ohne Querhaste; am rechten Rand flau eingedrücktes Beizeichen in Form von Andreaskreuzen.

Belege: Mehrere stempelgleiche Exemplare stammen vom Gelände der Kaiserthermen: RLM Trier, Inv. 1914,869$_{1-2}$ (Slg. Steiner, Abklatsch-Nr. 942-943); FNr. KTh. 1930,98; EV 1936,854. – Zur Gruppe auf AD G bzw. AD GAL siehe Steiner 1917/18, 20.

2 ADIVT ∆BI (vor BI Beizeichen unklarer Bedeutung, wohl kein A)   FNr. 480

Bauziegel: 34,3 x 24,3 x 3,3 cm, Ton rötlich-orange. – Rechteckiges Stempelfeld, seitliche Begrenzungen des Feldes kaum erkennbar: ca. 19,0 x 2,9 cm. Schrift erhaben. Buchstabenhöhe: 2,3-2,5 cm. Ligatur von VT. Stempelgleich mit Nr. 9.

Belege: CIL XIII 6, 12610$_{52}$. – RLM Trier, Inv. 1914,878 (Slg. Steiner, Abklatsch-Nr. 914, Kaiserthermengelände).

3 CAMAR   FNr. 479

Bauziegel: 38,5 x 31,0 x 3,8 cm, Ton rötlich-orange. – Rechteckiges Stempelfeld: 9,5 x 3,4 cm. Schrift leicht erhaben, nach links schwächer werdend. Buchstabenhöhe: 2,1-2,5 cm.

Belege: Variante zu Binsfeld 2009, 337 Nr. 14.1-3 Taf. 8. – Hupe 2012/13, 428 f. Abb. 32D.

4 V CL? (CL in Ligatur?) + Δ D I (rückläufig = ADI?)   FNr. 481

Bauziegel: 33,4 x 25,8 x 3,0 cm, Ton rötlich-orange. – Rechteckiges Stempelfeld: 9,5 x 2,3 cm. Schrift erhaben. Buchstabenhöhe: 1,0-2,0 cm.

Der nicht klar deutbare Stempel besteht womöglich aus zwei Bestandteilen mit jeweils drei Buchstaben: einem rechtsläufigen ersten und einem rückläufigen zweiten. Falls die Auflösung des zweiten Bestandteils zutrifft, handelt es sich wohl um einen Stempel der Adiutex-Gruppe, wobei der Firmenname mit dem Kürzel eines Personennamens kombiniert wäre. Ungewöhnlich bliebe bei dieser Lesart die Verbindung von rechts- und rückläufigen Buchstabenfolgen auf ein und demselben Stempel.

Beleg: Stempelgleich mit Nr. 12.

Ziegelstempel aus dem südlichen Fundamentblock:

5 [A]D PRO   FNr. 491

Bauziegel, Fragment: 30,2 x (24,3) x 3,2 cm, Ton rötlich-orange bis braun-orange. – Wohl rechteckiges, nicht scharf konturiertes Stempelfeld: (10,2) x 2,5 cm. Schrift deutlich erhaben. Buchstabenhöhe: 1,4-1,9 cm.

Belege: Stempelgleiche bzw. ähnliche Exemplare: CIL XIII 6, 12624_2 (Slg. Steiner, Abklatsch-Nr. 939-940). – RLM Trier, Inv. $1914,876_{1-5}$; FNr. KTh. 1928,68; FNr. KTh. 1930,98 (Kaiserthermengelände).

6 A⋀V?   FNr. 164

Bauziegel, Fragment: (31,4) x 27,0 x 3,3 cm, Ton rötlich-orange. – Rechteckiges Stempelfeld: 6,1 x 2,1 cm. Schrift erhaben. Buchstabenhöhe: 1,8 cm. Lesung unklar: A(?) ohne Querstrich; zwischen A und V womöglich ein Beizeichen, dessen Form an dasjenige der Stempel Nr. 2, 9 und 10 erinnert. – Lesung unklar.

Belege: Keine Parallele in der Abklatschkartei der Sammlung Steiner. Ein mehrfach belegter Stempeltyp aus den Kaiserthermengrabungen (RLM Trier, Inv. 1914,1072; FNr. KTh. 1930,100: Steiner 1917/18, 19 Abb. 25; 21. – CIL XIII 6, 12916), der bislang ebenfalls nicht gedeutet werden konnte (NVM?), weist hinsichtlich der Gestaltung der Zeichen gewisse Ähnlichkeiten mit dem vorliegenden Stempel auf.

7 [C]API[E]   FNr. 162

Bauziegel, *later pedalis*, abgeplatztes Fragment: (13,0) x (8,1 cm), Ton rotbraun. – Rechteckiges Stempelfeld. Schrift erhaben, Buchstabenhöhe: ca. 3,1 cm. A ohne Querstrich. CAPIE steht als Kürzel für CAPIENACI (vgl. CIL XIII 6, 12684[20]) analog dem häufigeren CAPIO für CAPIONACI samt Varianten.

Belege: CIL XIII 6, 12684[19]. Die Ergänzung des Fragments ist durch stempelgleiche Belege gesichert. Mehrere Exemplare dieses Stempeltyps stammen vom Gelände der Kaiserthermen, ein weiteres aus Grabungen an der Basilika (Konstantinplatz, 1913): RLM Trier, Inv. 1914,743; Inv. 1914,963[1-3]; FNr. KTh. 1923,103; FNr. KTh. 1930,79 (Slg. Steiner, Abklatsch-Nr. 488; 652; 773; 778).

Ziegelstempel aus den Kanalwangen:

8 [---?]ADIVT   FNr. 495

Bauziegel, Fragment: 27,1 x (15,3) cm, Ton rötlich-orange. – Rechteckiges Stempelfeld, seitliche Begrenzung des Feldes kaum erkennbar: (10,6) x 2,6 cm. Schrift leicht erhaben, D und I heben sich nur schwach vom Grund ab. Buchstabenhöhe: 2,6 cm. A ohne Querstrich; VT in Ligatur. Die Form der Ligatur ähnelt der von Nr. 10.

Beleg: CIL XIII 6, 12610[3]?

9 ADIVT ⋀BI   FNr. 496

Bauziegel: 34,3/34,9 x 25,7/26,3 x 3,2 cm, Ton rötlich-orange bis hellbräunlich-orange. – Rechteckiges Stempelfeld, seitliche Begrenzung des Feldes kaum feststellbar: ca. 19,0 x 2,9 cm. Schrift erhaben. Buchstabenhöhe: 2,3-2,5 cm. VT in Ligatur. Stempelgleich mit Nr. 2.

Belege: Siehe unter Nr. 2.

10 ΛBIADIVT   FNr. 497

Bauziegel: 34,0/34,7 x 26,4/27,2 x 3,1 cm, Ton rötlich-orange bis hellbräunlich-orange.
– Rechteckiges Stempelfeld, Begrenzung des Feldes an rechter Seite kaum feststellbar:
ca. 19,5 x 2,9 cm. Schrift erhaben. Buchstabenhöhe: 2,9 cm. Zum Beizeichen am Zeilen-
anfang vgl. Nr. 2; 9.

Beleg: Ein zweiter Stempeltyp mit dieser Zeichenfolge ist durch einen Ziegelstempel
aus St. Maximin dokumentiert: RLM Trier, Inv. 1920,82 (Slg. Steiner, Abklatsch ohne
Nr.).

11 CAMAR   FNr. 498

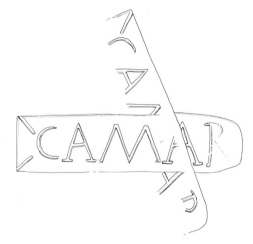

Bauziegel, Fragment: (32,7) x 29,5 x 3,8/4,1 cm, Ton orange bis rötlich-orange. – Zwei-
fach gestempelt: rechteckiges Stempelfeld, an rechter Seite gerundet: 12,3 x 3,0 cm.
Schrift erhaben. Buchstabenhöhe: 1,8-2,3 cm.

Beleg: Keine Parallele in der Abklatschkartei der Slg. Steiner.

12 V CL? (CL in Ligatur?) + Δ D I (rückläufig = ADI?)   FNr. 499

Bauziegel: 33,9 x 25,9/26,3 x 3,2 cm, Ton hellbräunlich-orange. – Rechteckiges Stempelfeld: 9,5 x 2,3 cm. Schrift erhaben. Buchstabenhöhe: 1,0-2,0 cm.
Zur Interpretation siehe die Bemerkungen zu Nr. 4.

Beleg: Stempelgleich mit Nr. 4.

Dr. Michael Dodt (Weilerswist), Dr. Klaus-Peter Goethert (Pluwig) sowie den Kollegen Dr. Sabine Faust und Dr. Georg Breitner danken wir für verschiedene Hinweise und die Möglichkeit zur Diskussion, Frau Dorothea Hübner M. A. (Trier) für die freundliche Überlassung ihrer Luftbildaufnahme der Kaiserthermen [Abb. 2]. Herr Thomas Zühmer machte das historische Foto der Straßenansicht der „Weberbach" [Abb. 1] im Stadtarchiv Trier ausfindig. Für die freundliche Genehmigung, das Foto hier abzudrucken, danken wir dem Archivleiter Herrn Diplom-Archivar Bernhard Simon.

Literatur

A. Binsfeld, Die Ziegelstempel aus den Trierer Domgrabungen. In: Die Trierer Domgrabung 6. Fundmünzen, Ziegelstempel und Knochenfunde. Hrsg. von W. Weber. Kataloge und Schriften des Bischöflichen Dom- und Diözesanmuseums Trier VII 6 (Trier 2009) 269-427. – E. Brödner, Die römischen Thermen und das antike Badewesen (Darmstadt 1983; 1997). – L. Clemens/H. Löhr, Jahresbericht des Landesamtes für Denkmalpflege, Abteilung Archäologische Denkmalpflege, Amt Trier, für den Stadtbereich Trier 1995. Trierer Zeitschrift 60, 1997, 363-386. – M. Dodt/M. La Torre, Neue Untersuchungen an den Trierer Kaiserthermen. Kurtrierisches Jahrbuch 54, 2014, 13-29. – M. Dodt/M. La Torre, Neue Untersuchungen und Restaurierungen an den Trierer Kaiserthermen. In: Bericht über die 48. Tagung für Ausgrabungswissenschaft und Bauforschung 28. Mai bis 1. Juni 2014 in Erfurt (Stuttgart 2015) 197-205. – H. Eiden, Ausgrabungen im spätantiken Trier. In: Neue Ausgrabungen in Deutschland (Berlin 1958) 340-367; hier 351-352 Abb. 7. – K.-P. Goethert, Römerbauten in Trier. Edition Burgen, Schlösser, Altertümer Rheinland-Pfalz, Führungsheft 20 ²(Regensburg 2010). – J. Hupe, Jahresbericht der Archäologischen Denkmalpflege für den Stadtbereich Trier 2008-2010. Trierer Zeitschrift 75/76, 2012/13, 395-451. – Jahresbericht 1945-1958. Trierer Zeitschrift 24-26, 1956/58, 402-405 Abb. 44-46. – H.-G. Kolbe, Die Inschrift am Torbau der Principia im Legionslager von Lambaesis. Mitteilungen des Deutschen Archäologischen Instituts, Römische Abteilung 81, 1974, 281-300. – D. Krencker, Die Trierer Kaiserthermen 1. Ausgrabungsbericht und grundsätzliche Untersuchungen römischer Thermen. Trierer Grabungen und Forschungen 1,1 (Augsburg 1929). – E. Künzl, Die Thermen der Römer (Stuttgart 2013). – H. Mielsch, Buntmarmore aus Rom im Antikenmuseum Berlin (Berlin 1985). – J. Mühlenbrock, Tetrapylon. Zur Geschichte des viertorigen Bogenmonumentes in der römischen Architektur (Paderborn 2003). – I. Nielsen, Thermae et balnea. The architecture and cultural history of Roman public baths I-II (Aarhus 1990). – P. Ostermann, Stadt Trier I. Altstadt. Denkmaltopographie Bundesrepublik Deutschland, Kulturdenkmäler in Rheinland-Pfalz 17,1 (Worms 2001). – G. Precht, Zur Rekonstruktion und Sicherung des „Hafentempels" in der Colonia Ulpia Traiana (CUT). In: Colonia Ulpia Traiana. 6. Arbeitsbericht zu den Grabungen und Rekonstruktionen (Köln 1984) 22-23. – F. Rakob/S. Storz, Die Principia des römischen Legionslagers in Lambaesis. Vorbericht über Bauaufnahme und Grabungen. Mitteilungen des Deutschen Archäologischen Instituts, Römische Abteilung 81, 1974, 253-280. – F. Rakob, Die Bauphasen des Groma-Gebäudes im Legionslager von Lambaesis. Mitteilungen des Deutschen Archäologischen Instituts, Römische Abteilung 108, 2001, 7-40. – W. Reusch, Die Ausgrabungen im Westteil der Trierer Kaiserthermen. Vorbericht über die 2. bis 5. Grabungskampagne 1962-1966. Bericht der Römisch-Germanischen Kommission 51/52, 1970/71, 233-280. – W. Reusch/M. Lutz/H.-P. Kuhnen, Die Ausgrabungen im Westteil der Trierer Kaiserthermen 1960-1966. Archäologie aus Rheinland-Pfalz 1 (Rahden 2012). – H.-J. Schalles, Der Hafentempel. In: Colonia Ulpia Traiana. Xanten und sein Umland in römischer Zeit. Hrsg. von M. Müller u. a. Geschichte der Stadt Xanten 1 (Mainz 2008) 311-318. – R. Schindler, Das Straßennetz des römischen Trier. In: Festschrift 100 Jahre Rheinisches Landesmuseum Trier. Trierer Grabungen und Forschungen 14 (Mainz 1979) 121-209. – F. Seyffarth, Der römische Kaiserpalast in Trier. Westdeutsche Zeitschrift 12, 1893, 1-17. – P. Steiner, Einige Bemerkungen zu den römischen Ziegelstempeln aus Trier. Trierer Jahresberichte 10/11, 1917/18, 15-31.

Abkürzungen

CIL XIII 6   Corpus inscriptionum Latinarum XIII 6. Signacula publice laterculis im-
             pressa. Nach der Materialsammlung von P. Steiner hrsg. von E. Stein
             (Berlin 1933).

EV   Eingangsverzeichnis, Rheinisches Landesmuseum Trier.

Skb.   Skizzenbuch, Rheinisches Landesmuseum Trier.

Slg. Steiner Papierabklatsche von römischen Ziegelstempeln aus Trier. RLM Trier,
             Museumsarchiv, Best. N, Nachlass Paul Steiner, Nr. 27-29.

Grabungsdokumentation zu den Untersuchungen von 1949 am Westportal der Kaiserthermen (EV 1949,39): RLM Trier, Planarchiv, Ortsakte Trier, Weberbach (6) mit Fundbe-
richt von W. Jovy. – Skb. 504, S. 29a-46a. – Fotos: RC 1949,56-60. – Pläne: A 577; A 579;
A 762.

Ein Teil der Quader des Portals wurde nach den Angaben des Grabungstechnikers W. Jovy
gehoben und auf das Gelände der Kaisertermen gebracht. Der Quader mit dem In-
schriftrest [---]LSMERI[---] | | [---]ORINO[---] (vgl. Skb. 504 S. 39b) wurde ihm zufolge ins
RLM Trier überführt. Dort ist das Stück allerdings nicht nachweisbar (Hinweis der
Kollegin Dr. S. Faust).

Abbildungsnachweis

Abb. 1 Stadtarchiv Trier, Bildsammlung (ohne Nr.).

Abb. 2 D. Hübner, RLM Trier, Digi-EV 2014,90/1096.

Abb. 3 W. Jovy, RLM Trier, Plan A 577 (Umzeichnung); nach: Jahresbericht 1945-1958,
404 Abb. 45.

Abb. 4-6 RLM Trier, Foto RC 1949,57; 60; 58.

Abb. 7 Th. Zühmer, Digi-EV 2014,90/1092.

Abb. 8-9; 11; 13 B. Kremer, Digi-EV 2014,90/553; 554; 109; 605.

Abb. 10 RLM Trier, Plan A 1636. Grundlage: K.-H. Thömmes (1992); Ergänzungen:
B. Kremer; Bearbeitung und Georeferenzierung: F. Backendorf.

Abb. 12; 14-18 J. Hupe, Digi-EV 2014,90/1127; 1178; 1185; 1162; 1256; 1259;

Anhang 1-12 M. Diederich, Trier.

Lothar Schwinden **Das Diatretglas von Niederemmel,**
Kreis Bernkastel-Wittlich

Das „Diatretglas von Niederemmel" ist unter diesem Namen heute eine archäologische Weltberühmtheit. Ohne Zweifel gehört dieser wertvolle Glasbecher des 4. Jahrhunderts n. Chr. zu den kostbarsten Objekten in den Sammlungen des Rheinischen Landesmuseums Trier (Konstantin der Große 2007 Nr. I.11.12. – Fundstücke 2009, 136 f. Nr. 63; 215. – Whitehouse 2015, 124 f. Nr. 36). Entdeckt wurde das wertvolle Glas 1950 in einem Sarkophag als Beigabe zu einer Körperbestattung in Niederemmel in der heutigen Gemeinde Piesport-Niederemmel (Eiden 1950). In der archäologischen Fachsprache und Fachwelt hat auch gegen kommunalen Piesporter Einspruch die ursprüngliche Bezeichnung als „Diatretglas von Niederemmel" wohl für alle Zeit Bestand. Übernommen ist die Bezeichnung „Diatret" vom Lateinischen *diatretus*, hergeleitet aus dem Griechischen διατιτρᾶν *(diatitran)* – „durchbohren", διάτρητος *(diatretos)* – „durchbohrt". Der Begriff nimmt auf die Durchbruchsarbeit, in der das Netzwerk einen innen liegenden Becher bei den Diatreten umfängt, Bezug.

Der Glasbecher aus Niederemmel übt eine besondere Faszination aus und hat seit seiner Entdeckung auch stets eine besondere Form der Präsentation in der Dauerausstellung des Museums gefunden. Die Aufmerksamkeit des Betrachters wird vor allem von dem Netzwerk, mit dem der Becher umfangen ist [Abb. 1], angezogen. Dem Glas haftet nicht allein eine besondere ästhetische Aura an, es drängt sich sogleich auch die Frage nach der Herstellung dieses Glases mit Netzwerk an seiner Außenseite auf.

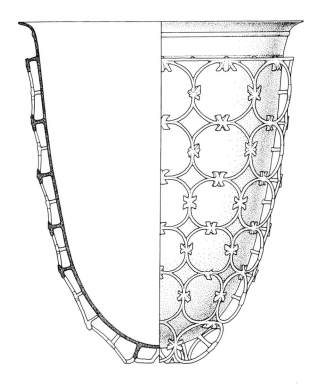

Den 18 cm hohen Becher (Goethert-Polaschek 1977 Nr. 328) mit einer maximalen Weite von 15,5 cm am oberen Rand umhüllt ein Netzwerk, das bis kurz unter die Mündung hochgezogen ist [Abb. 2]. Das äußere Netzwerk besteht aus sechs Reihen von sogenannten kreisförmigen Maschen und ist ausgeklügelt komponiert. Die Berührungspunkte der einzelnen Kreise oder Maschen sind mit X-förmigen Schleifen verziert beziehungsweise verstärkt. Zu allererst sollten sie aber wohl die Stege verdecken, die das äußere Netzwerk auf einem Abstand vor dem inneren Becher wie schwebend erscheinen lassen. Das Maschenmuster der Wandung führt am Boden zu einer sechsblättrigen Rosette. Es mag dahingestellt bleiben, ob man dieses Zierelement auch als „Standring" auffassen darf, da es keine besondere Standfestigkeit vermittelt. Wahrscheinlich hat es andere Möglichkeiten zur Aufstellung gegeben, die dem Wert des Gefäßes auch angemessener waren.

Zur Herstellung der Diatrete und Haftungsfragen

Nach allgemeiner und heute in der Regel immer noch vertretener Ansicht ist das Netzwerk mitsamt den verbindenden Stegen zum inneren Becher aus einem dickwandigen, gut 8 mm starken Glasrohling herausgeschliffen worden. Filigran ist das Netzwerk, ebenso hauchdünn wie der nur 2 mm starke innere Becher. Der Diatretglasschleifer muss bis an die Grenzen des Dünnschliffes herangegangen sein, ein höchst gewagtes Spiel mit dem Risiko, das eine langwierige und intensive Arbeitsleistung auf einen Schlag zunichtemachen konnte. Die verbin-

a

3
Trier.
Diatretgläser.
a *Mustorstraße.*
Farbiges Diatretfragment mit
Nachbildung von Josef Welzel.
RLM Trier, Inv. 1998,1.

b *Saarstraße.*
Diatretfragment.
RLM Trier, Inv. 1987,124 FNr. 92.

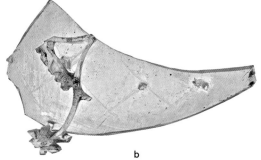

b

denden Stege sind ca. 4 mm lang, zum Teil extrem dünn, zuweilen aber auch bis zu 3 mm stark. Im Querschnitt sind diese Stege viereckig oder unregelmäßig vieleckig, von allen Seiten her angeschliffen. Eigenartig und für die Fertigungstechnik noch nicht hinreichend ausgewertet sind die in ihrem Querschnitt zum Teil stark ovalen Stege, von Reihe zu Reihe im Wechsel stehend oder liegend ausgerichtet (Gerick 2010, 132 f. Abb. 18). Nur günstiges Licht erlaubt es, Schleifspuren zu erkennen, außer an den Stegen unter dem Netzwerk vor allem an der Außenseite des inneren Bechers (Whitehouse 2015, 58 f.). Bläschen im Glas sind wohl auch an- oder aufgeschliffen. Mehr noch als das weitgehend vollständig erhaltene Glas von Niederemmel können Fragmente anderer Diatrete, wie sie im Museum gezeigt werden, die Arbeitsspuren erkennen lassen, da an ihnen der Blick zwischen Netzwerk und innerem Becher eher möglich wird [**Abb. 3**]. Und Scherben eines halbfertigen Fabrikates aus Grenoble, die jüngst gefunden wurden (Kappes 2011. – Colardelle/Kappes/Welzel 2012), stellen ein einmaliges Zeugnis zum Herstellungsprozess dar. Nach den Arbeitsspuren wurde das Netzwerk mit kleinen Schleifrädchen herausgeschliffen. Solche Geräte sind auch in der Steinschneidekunst und beim Schleifen anderer Gläser eingesetzt worden.

Gerade diese kunsthandwerkliche Arbeit, bei der Diatrete der Art des Bechers von Niederemmel aus einem Stück, aus einem dickwandigen Rohling, herausgeschnitten worden sind, verstärkt die Faszination, die von diesen Glaskunstwerken ausgeht. Von anderen Theorien zur Herstellung, zuletzt etwa der eines doppelwandigen Rohlings mit in einem Pressverfahren vorgeformten Hohlräumen (Liercke 1998. – Steckner 1998, 117-124. – Dagegen zuletzt Kappes 2011. – Whitehouse 2015, bes. 67), hat sich keine wirklich durchsetzen und einhellige Anerkennung finden können. Sehr feinen Beobachtungen zufolge sind nach dem Verlauf der Glasbläschen im Glas der dickwandigen Becher diese nicht gegossen oder gepresst, sondern vielmehr geblasen worden (Doppelfeld 1961, 418). Die in langwieriger Feinarbeit nach experimentellen Forschungen hergestellten Werkstücke des Glaskünstlers Josef Welzel von der Glasfachschule Hadamar [Abb. 3a] haben die allgemein akzeptierte Herstellungshypothese des Glasschnittes aus einem dickwandigen Rohling doch sehr wahrscheinlich gemacht (Welzel 1994, hier bes. 6-7 Abb. 3 zum Diatret von Niederemmel). Die Arbeiten Welzels gehören zu den seltenen, modern im Experiment nachgeformten Gläsern, die den ästhetischen Ansprüchen entgegenkommen, auch wenn sie sich in ihrer Feinheit den antiken Vorbildern nur annähern. Dass Anmut und technischer Reiz gemeinsam den Wert der Diatrete in der Antike ausgemacht haben, liegt auch für den Entdecker des farbigen Kölner Diatretes auf der Hand: „[...] zusammengeflickte und -gepfuschte Gläser würden vor allem die schlichte Schönheit der völlig geschliffenen Diatrete entbehren und die reichen Liebhaber, deren ästhetischen Kunstgeschmack man nicht unterschätzen soll, kaum gereizt haben" (Doppelfeld 1961, 417).

Die Betrachtung eines Diatretglases wie auch die Gedanken zur Fertigung lassen sofort auch den Wert solcher Gläser erahnen. Verschiedene literarische Äußerungen der Antike bestätigen die Wertschätzung derartiger kunsthandwerklicher Produkte auch bereits zu ihrer Zeit (Binsfeld 1996). Allen überlieferten Aussagen voran steht ein spätantikes Gesetz, das Haftungsfragen bei der riskanten Fertigung behandelt, darüber hinaus aber auch weitere Informationen zum Herstellungsprozess und zum Kunsthandwerker, *artifex*, beinhaltet. In der spätrömischen Gesetzessammlung der Digesten (9, 2, 27, 29) ist eine Äußerung des römischen Juristen Ulpian (liber 18 ad. ed.) aus dem frühen 3. Jahrhundert als konkreter Verfahrensgrundsatz festgehalten: „Wenn Du (einem Kunsthandwerker) einen Becher gegeben hast, (um) ein Diatretglas (daraus) zu machen, und er ihn aus Ungeschicklichkeit zerbrach, wird er wegen rechtswidriger Schadenszufügung haften. Wenn er ihn aber nicht aus Ungeschicklichkeit zerbrach, sondern (weil der Becher) fehlerhafte Sprünge hatte, kann er entschuldigt sein. Daher pflegen Kunsthandwerker, wenn ihnen derartige Stoffe übergeben werden, sich meistens auszubedingen, dass sie (das Werk) nicht auf ihre Gefahr herstellen. Diese Abrede schließt eine Klage aus dem Werkvertrag und nach dem Aquilischen Gesetz aus" (Wacke 1999, 910).

Es besteht der rechtliche Grundsatz, dass der Diatretglasschleifer (*artifex* oder *diatretarius*), bei Fahrlässigkeit oder gar Vorsatz haftet, nicht aber bei Mängeln am zur Weiterverarbeitung übergebenen Werkstück, hier am Becher als Rohling. Die Erfahrung hatte wohl jedem klar werden lassen, dass die Beweisführung sowohl bei Fahrlässigkeit *(imperitia)* wie bei einem Materialfehler *(vitium materiae)* schwierig war. Wohl in Anbetracht seiner besonderen handwerklichen Qualifikation und einer daraus resultierenden Sonderstellung konnte es sich der Diatretarius erlauben, für sich gegenüber dem Auftraggeber einen generellen Haftungsausschluss zu erwirken, dahingehend „dass er (überhaupt) nicht auf eigene Gefahr arbeitet" *(non periculo suo se facere)*. Der Rechtshistoriker Andreas Wacke nimmt dafür eine Risikobelehrung des Auftraggebers als obligatorisch an (1999, 914 f.).

Verschiedentlich ist die Haftungsfrage des Diatretschleifers die des Gemmenschneiders gegenübergestellt worden (Kaser 1955, 425 f. – Doppelfeld 1961, 414 f. – Wacke 1999, 910 ff.). Der Gemmenschneider war bei diesem Vorgehen sehr viel eher bereit, für Beschädigung des Ausgangsmaterials im Zusammenhang mit seiner eigenen Arbeitsleistung zu haften und das Risiko zu übernehmen. Die unterschiedliche Haftung bei Diatretschleifern und Gemmenschneidern mag durch den offensichtlich unvergleichlich höheren Wert des rohen Diatretglaskörpers als zu bearbeitende Sache bedingt sein. Eine Haftung für den Stein konnte gegen einen geringeren Aufpreis, sozusagen als Risikoprämie, vom Gemmenschneider übernommen werden. Eine gleichartige Haftung hätte für den Diatretarius vielleicht schon bei dem ersten Schadensfall zu seinem Ruin führen können.

Die Einleitung des Gesetzes zur Haftung bei der Herstellung von Diatreten gibt mit ihrer Darlegung der Ausgangssituation für den Streitfall einen wichtigen Hinweis auf die arbeitsteilige Spezialisierung in diesem antiken Handwerk oder Kunsthandwerk: *Si calicem diatretum faciendum dedisti (artifici)* … („Wenn du einen Becher zur Herstellung eines Diatretes (dem Kunsthandwerker) gegeben hast …"). Klar ersichtlich ist, dass der rohe Becher *(calix)* an anderer Stelle gefertigt vom Auftraggeber als Material- und Arbeitsgrundlage an den Diatretarius weitergegeben wird. Aus seinen Erfahrungen in der großartigen Kölner Sammlung antiker Gläser stellt Doppelfeld sich den Vorgang folgendermaßen vor: „Der Auftraggeber wird den an sich schon wertvollen dickwandigen Becher aus bestem Kristallglas, das im Falle der Buntdiatrete […] überfangen war, in der Glashütte erworben und dann zum Diatretschleifer gebracht haben" (1961, 416 f.). Das Ulpian-Zitat spricht auch eher gegen die jüngere These eines Diatretschliffes aus einem doppelwandigen Rohling mit vorgepressten Hohlräumen (Liercke 1998), da erstens nicht von einem derartigen Spezialglas hier die Rede ist und da zweitens der Konstruktionsentwurf für ein Netzwerkmuster wie auch die Verwirklichung in der zweiten Hand, das heißt, in der Verantwortung des Diatretarius nach dem Gesetz, liegen sollten.

4
Köln.
Farbiges Diatretglas
mit Trinkspruch.
Köln, Römisch-Germanisches
Museum, Inv. 1960,1.

Die Farbigkeit einzelner Diatrete, so zum Beispiel des heute in Köln befindlichen Bechers [**Abb. 4**] wie auch einzelner bunter Fragmente im Rheinischen Landesmuseums Trier [**Abb. 3a**], stellt kein Problem für den Diatretarius dar. Der rohe Becher ist ihm bei der Bestellung eines bunten Glases in verschiedenen Farbschichten vorgefertigt übergeben worden. Wenn er aus dem Becher mit unterschiedlichen farbigen Lagen oder Schichten das Netzwerk herausgeschliffen hatte, konnte sich dieses vom inneren Becher im wahrsten Sinne des Wortes ‚abheben‘. Die Einfarbigkeit des Diatretes von Niederemmel resultiert offensichtlich aus der bewussten Entscheidung des Auftraggebers für einen rein kristallen wirkenden Becher; es hat absolut nicht im Bestreben gelegen, die technischen Schwierigkeiten zu minimieren.

Hinsichtlich seiner Größe hebt sich das Diatretglas von Niederemmel sehr deutlich von anderen Diatretgefäßen ab: Es ist das mit Abstand größte aller Netzdiatrete und überragt um wenigstens ein Drittel an Höhe die meisten der nächsten Becher. Andere Gefäße weisen in ein oder zwei Zonen zwischen oberem Rand und Netzwerk noch eine Inschriftzeile und/oder einen ‚Kragen‘ als Ornamentleiste auf. Dies ist ebenso wie die fehlende Farbigkeit nicht als ein Mangel für das Diatret von Niederemmel anzusehen. Das Netzwerk dieses Diatretes umfängt vielmehr fast den gesamten Becher bis 2,2 cm unter den Rand. Es hat damit das weitaus umfänglichste Netzwerk. Wenn man das Risiko für den Diatretglasschleifer bei seiner Arbeit bedenkt, so muss man folglich für das Diatretglas von Niederemmel den weitaus höchsten Risikofaktor in Rechnung stellen; mit dem Umfang potenzierte sich das Risiko. Gerade darin mag bereits in der Antike der Reiz dieses speziellen Kunstwerkes gelegen sein.

Zum Wert und Gebrauch der Diatrete

Diatrete mögen Auftragsarbeiten gewesen sein (Doppelfeld 1961, 417). Aber wer waren die Auftraggeber oder Besitzer solcher Gläser? Zu welchem Zweck wurden diese bestellt? Vermögen Grabfunde Aufschluss zu geben (Meyer 2012)? Solange die Bestatteten auch mit ihren weiteren Beigaben anonym bleiben, führen selbst kleinfragmentierte Siedlungsfunde vielleicht näher als Grabbeigaben an frühere Besitzer heran. Hier können die Funde in ihrem ursprünglichen Nutzungskontext gesehen werden. In dieser Hinsicht lohnt ein Blick auf die Fragmente aus dem Trierer Siedlungsumfeld. Außer zwei Fragmenten südlich des Forums des römischen Trier (Saarstraße [Abb. 3b]: Goethert 1989, 353-358. – Gerick 2010, 121 f. – Nikolausstraße: Goethert 1989, 358 f. Nr. 4. – Gerick 2010, 122 f.) verfügen alle weiteren Stücke über einen direkten Bezug zur spätrömischen Kaiserresidenz: Ein Fragment stammt aus der kaiserlichen Sommerresidenz in Konz (Goethert 1989, 358 Nr. 2. – Konstantin der Große 2007 Nr. I.16.19. – Gerick 2010, 123 f.), eines aus den Kaiserthermen in Trier (Goethert 1989, 361 Nr. 6. – Konstantin der Große 2007 Nr. I.11.14. – Gerick 2010, 125 ff.) und eines aus der Apsisnähe der Basilika [Abb. 3a] (Goethert 1989, 360 Nr. 5. – Konstantin der Große 2007 Nr. I.11.13. – Gerick 2010, 127 ff.), das heißt, aus dem Zentrum des Kaiserpalastes. Diese drei Fragmente führen eindeutig in die Nähe des Kaiserhofes des 4. Jahrhunderts in Trier. Auch wenn nicht zwingend abzuleiten ist, dass die Gefäße ausschließlich im Besitz des Kaisers zu suchen sind, so ist doch der Besitzerkreis auf die gesellschaftlich führenden Schichten, darunter auch auf die spätrömischen Hofkreise und den Adel einzugrenzen.

Bei der Frage nach dem Besitzer des Diatretglases von Niederemmel musste sich der Ausgräber Hans Eiden 1950 noch wundern: „Es muss auf den ersten Blick befremden, dass ein kostbares Glas dieser Art, das man sich doch wohl nur im Besitz einer reichbegüterten Familie vorstellen kann, in dem etwas abgelegenen Moseldorf einem Toten mit ins Grab gegeben wird zu einer Zeit, in der, nach allem, was wir wissen, auf dem flachen Lande durchaus keine geordneten Verhältnisse herrschten, sondern es im Gegenteil recht unruhig war" (Eiden 1950, 40). Eine solche Einschätzung dieser Moselregion für die Zeit der konstantinischen Kaiser im früheren 4. Jahrhundert mag man nach heutigem Forschungsstand nicht mehr unbedingt teilen. Von der Entdeckung der konstantinischen Goldfibel acht Jahre später unweit der Fundstelle des Diatretes (Konstantin der Große 2007 Nr. I.7.21) konnte Eiden 1950 noch nichts wissen. Die goldene Gewandspange [Abb. 5] hat Konstantin anlässlich des Jubiläums seines zehnten Herrschaftsjahres 315-316 verschenkt. Der Besitzer trug diese Nadel nicht nur als nützliches Schmuckstück, sondern auch als höchste vom Kaiser verliehene Auszeichnung. Als Hofbeamter dürfte er zum höheren Reichsadel gehört haben und einen Landsitz in dem zu dieser Zeit noch friedlichen und anmutigen Tal der Mosel besessen haben. Genau diese Stelle im Moseltal in unmittelbarer Nähe einer wichtigen Fernstraße von Trier zum Mittelrhein hat in ihrer strahlenden Aura der Dichter Ausonius

noch ein halbes Jahrhundert später in seiner *Mosella*, Vers 10-17, besungen (Schwinden 2013). Der Verstorbene selbst oder dessen Familie, die derartige Pretiosen als Erbstücke über einige Zeit gehütet haben mag, kann als Besitzer des Diatretes wie der Goldfibel in Betracht kommen. Damit führt auch dieses vierte Diatret nach Trier und in die Nähe des Kaiserhofes.

Der Wert solcher Gläser muss immens gewesen sein. Neben Aspekten der Ästhetik und der Herstellungstechnik veranlassen zu dieser Annahme auch die in Frage kommenden Besitzer. War das Stück für sie Gebrauchsgegenstand? Trinksprüche wie der griechische des Kölner Glases [Abb. 4] ΠΙΕ ΖΗCAIC ΚΑΛΩC ΑΕΙ („Trinke, du mögest immer gut leben") oder Glückwünsche zum persönlichen Heil wie *bibe multis annis* („Trinke viele Jahre lang") können wenigstens einige Gläser als Trinkbecher oder -schalen ausweisen. Auch in byzantinischen Quellen ist mehrfach von Trinkgefäßen die Rede (Lenel 1928, 564 f.). Wenn bei einem Glas bekanntlich eine Bronzefassung das kostbare Diatret zu einer aufgehängten Lampe von vornherein bestimmt oder wohl eher erst später umfunktioniert hat (Whitehouse 2015, 84 f. Nr. 10), darf das auf keinen Fall generalisiert und Diatrete damit zu Luxuslampen erklärt werden (Steckner 1998). Das Diatretglas von Niederemmel gehört zu den weitaus größten aller Netzdiatrete. Es hätte knapp zwei Flaschen Weines von je 0,75 l gefasst. So zu trinken, ist eigentlich undenkbar; man berücksichtige etwa das empfindliche, hauchdünne Netzwerk und die für einen festen Stand unsichere Bodenrosette. Bei instabilem Stand ohne eigenen Fuß könnten diese Gläser in einem ringförmigen Ständer auf drei Beinen, eher aus schonendem Elfenbein denn aus hartem Edelmetall, aufgestellt gewesen sein.

Diese Kostbarkeiten mit Diatret waren einfach keine Gebrauchsgegenstände mehr! Sie waren Kunstwerke zur Erbauung des Auges. Ihnen kam viel eher ein repräsentativer Charakter zu, der auch dem Besitzer zur Ehre gereichen sollte. Es ist ein in der Kunstgeschichte häufiger zu beobachtendes Phänomen, dass ein ursprünglicher Gebrauchsgegenstand sein ästhetisches Eigenleben entwickelt und zu einem vom anfänglichen Zweck weit entfernten, absoluten Kunstwerk mutiert. Die Kostbarkeit betont auch eine für Diatrete einschlägig bekannte Stelle im Midrasch, einem Kommentar des 5. Jahrhunderts, zum alttestamentlichen Buch Ester I 7, bei der Schilderung des Festmahls des Achaschwerosch auf *diatrita* eingehend und für den Trinkgenuss solche sogar Goldgefäßen vorziehend: „Der Mensch pflegt doch nicht gern aus goldenen Gefäßen zu trinken. Allein es waren Becher aus Flechtwerk von Krystall, worin man sich spiegeln konnte und welche ebenso schön und kostbar waren wie goldene Gefässe" (Übersetzung Wünsche 1881, 22. Dazu unter anderem Lehnel 1928, 566. – Doppelfeld 1961, 416. – Wacke 1999, 913). Im Zusammenhang des Trinkens mag auch die erwägenswerte Anschauung zitiert werden, dass die Maschen des Netzwerkes Weinranken, die X-Schleifen, Weinblätter andeuten (Colardelle/Kappes/Welzel 2012, 150; 152 f.). Diese Interpretation erhält Unterstützung auch durch das seit dem Zweiten Weltkrieg verschollene Diatret von Hohen-Sülzen (Whitehouse 2015, 76 f. Nr. II 4), das an den Berührungspunkten der Maschen über den Stegen Blüten und verschiedene Weinblätter in großer Variabilität statt der X-Schleifen aufwies. Wenn diese Sicht zutreffen sollte, gibt die Anordnung der Maschen das Gitterwerk eines Spaliers wider, wie es auch von römischen Wandmalereien bekannt ist.

Ist es in der spätrömischen Kunst das Bemühen um Transparenz und Leichtigkeit im Allgemeinen oder ging dieses Streben sogar von den Diatreten des 4. Jahrhunderts aus? Byzantinische Architekturdekorationen, Reliefplatten und vor allem Kapitelle greifen in Stein die Technik des durchbrochen gearbeiteten Geflechtes auf. Wie bei Diatreten löst sich gerade auch bei Kapitellen dabei ein feines Netzwerk vom Kern und in der Regel bieten Weinranken dafür das passende pflanzliche Vorbild [**Abb. 6**] (Effenberger/Severin 1992, 175 Nr. 88).

Auch heute noch gereichen diese Diatrete jeder archäologischen Sammlung zur Zier und Ehre. Diatrete werden in Köln im Römisch-Germanischen Museum wie in Trier im Rheinischen Landesmuseum jeweils an herausgehobener Stelle präsentiert. Die archäologische Forschung hat ihren Beitrag dazu geleistet, diese Glaskunstwerke besser zu verstehen und einzuordnen. Moderne Wissenschaft und antike Kunstfertigkeit spielen hier wunderbar ineinander, um ein beeindruckendes Objekt aus seiner magischen Anmutung heraustreten zu lassen, ohne es in seiner Faszination einzuschränken.

 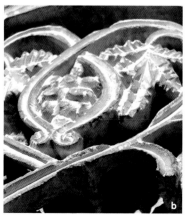

6
Ägypten.
Byzantinisches Zweizonen-
kapitell, 6. Jh.
a *Gesamtansicht.* **b** *Detail.*

Staatliche Museen zu Berlin,
Skulpturensammlung
und Museum für Byzantinische
Kunst, Inv. 6159.

Literatur

W. Binsfeld, Was Diatrete vermögen. Funde und Ausgrabungen im Bezirk Trier 28, 1996, 61-62. – R. Colardelle/M. Kappes/J. Welzel, Das Diatret aus Grenoble/Le diatrète de Grenoble. In: Le verre en Lorraine et dans les régions voisine. Actes du Colloque International, 26e Rencontres de l'AFAV, Metz, 18 et 19 novembre 2011. Monographies Instrumentum 42 (Montagnac 2012) 135-155. – O. Doppelfeld, Das neue Kölner Diatretglas. Germania 38, 1960, 403-417 Taf. 54-58. – O. Doppelfeld, Das Kölner Diatretglas und die anderen Netz-Diatrete. Gymnasium 68, 1961, 410-424 Taf. 15-20. – A. Effenberger/H. G. Severin, Das Museum für Spätantike und Byzantinische Kunst. Staatliche Museen zu Berlin (Mainz 1992). – H. Eiden, Diatretglas aus einer spätrömischen Begräbnisstätte in Niederemmel an der Mosel. Trierer Zeitschrift 19, 1950, 26-40 Taf. 1-2. – Fundstücke. Von der Urgeschichte bis zur Neuzeit. Bildband zur Dauerausstellung des Rheinischen Landesmuseums Trier. Schriftenreihe des Rheinischen Landesmuseums Trier 36 (Stuttgart 2009). – A. Gerick, „… denn man muss die Originale sprechen lassen" (F. Fremersdorf 1956). Die Trierer Diatrete und die Frage nach der Herstellung römischer Netzgläser. Restaurierung und Archäologie 3, 2010, 117-136. – K.-J. Gilles, Bacchus und Sucellus. 2000 Jahre römische Weinkultur an Mosel und Rhein (Briedel 1999). – K. Goethert-Polaschek, Katalog der römischen Gläser des Rheinischen Landesmuseums Trier. Trierer Grabungen und Forschungen 9 (Mainz 1977). – K. Goethert, Fragmente eines Diatretbechers und andere Gläser von der Saarstraße in Trier. Trierer Zeitschrift 52, 1989, 353-368. – M. Kappes, Les fragments d'un verre diatrète de Grenoble. Eléments technologiques. Journal of glass studies 53, 2011, 93-101. – M. Kaser, Das römische Privatrecht 1. Das altrömische, das vorklassische und klassische Recht. Handbuch der Altertumswissenschaft X 3,3,1 (München 1955; ²1971). – Konstantin der Große. Ausstellungskatalog, Trier 2007. Hrsg. von A. Demandt/J. Engemann (Mainz 2007). – O. Lehnel, Diatreta. Jahrbuch des Deutschen Archäologischen Instituts 43, 1928, 563-569 (mit einem Anhang von R. Zahn). – R. Liercke, Antike Glastöpferei. Ein vergessenes Kapitel der Glasgeschichte. Antike Welt, Sonderheft (Mainz 1998). – Ch. Meyer, Der Tod, das Grab und die Beigabe. Zur Problematik der individuellen Zuordnung von Grabbeigaben am Beispiel des spätantiken Grabs mit Diatretglas von Köln-Braunsfeld. In: Utere felix vivas. Festschrift für J. Oldenstein. Hrsg. von P. Jung (Bonn 2012) 171-181. – G. Ristow, Das Kölner Diatretglas. Rheinische Kleinkunstwerke H. 3 (Köln 1988). – L. Schwinden, Ausonius' erste Begegnung mit der Mosella. In: Via Ausonia. Ein Jubiläum für die Hunsrück-Römerstraße von Trier nach Mainz 213-2013. Hrsg. von R. Cordie. Schriften des Archäologieparks Belgium 11 (Morbach 2013) 6-8. – C. Steckner, Diatrete als Lichtgefäße. In: Liercke 1998, 110-129. – A. Wacke, Bruchschäden an Diatretglas und Gemme. Gefahrtragungsklauseln im römischen Kunsthandwerk. Kölner Jahrbuch 32, 1999, 909-915. – J. Welzel, „Becher aus Flechtwerk von Kristall". Diatretgläser, ihre Geschichte und Schleiftechnik (Hadamar 1994). – D. Whitehouse, Cage cups. Late Roman luxury glasses. With assistance of W. Gudenrath and P. Roberts. The Corning Museum of Glass (New York 2015). – A. Wünsche, Der Midrasch zum Buch Ester. Zum ersten Male ins Deutsche übertragen (Leipzig 1881).

Zur Frage der Herstellungstechnik nach dem Neufund des Halbfabrikates von Grenoble die Diskussion R. Liercke – M. Kappes:

http://www.pressglas-korrespondenz.de/aktuelles/pdf/pk-2012-1w-kappes-diatretglas-grenoble-2011.pdf [18.05.2016].

http://www.pressglas-korrespondenz.de/aktuelles/pdf/pk-2012-2w-kappes-diatretglas-grenoble-2011.pdf [18.05.2016].

http://www.pressglas-korrespondenz.de/aktuelles/pdf/pk-2012-1w-lierke-diatretglas-grenoble-2011.pdf [18.05.2016].

Abbildungsnachweis
Abb. 1; 3; 5 Th. Zühmer, RLM Trier.
Abb. 2 nach: Goethert-Polaschek 1977 Taf. 19.
Abb. 4 Rheinisches Bildarchiv Köln.
Abb. 6 Verfasser.

Michael Dodt **Zum Forschungsstand der Trierer Kaiserthermen-Keramik im Lichte neuerer Untersuchungen an den Baubefunden**

Die Publikation der Keramik der Kaiserthermen durch Ludwig Hussong und Heinz Cüppers (Hussong/Cüppers 1972) gilt als maßgebliche Referenz für die Datierung römischer Keramik des 4./5. Jahrhunderts n. Chr. im Rheinland. Inzwischen sind über 40 Jahre seit der Publikation vergangen, in denen weitere Forschung zur spätrömischen Keramik neue Erkenntnisse ergeben hat, zum Beispiel die umfangreiche Vorlage der Gräber von Krefeld-Gellep durch Renate Pirling und Margarete Siepen (Pirling/Siepen 2006) und Einzelbeiträge zur Argonnensigillata durch Lothar Bakker. Aber nicht nur für die Keramikforschung ist diese Publikation von Bedeutung. Sie enthält auch für die Thermen selbst wichtige grabungs- und baugeschichtliche Hinweise, die jedoch wenig Beachtung finden. Da zurzeit archäologische und bauhistorische Bestandsaufnahmen zur Vorbereitung umfassender Restaurierungen unternommen werden, ist hier die Gelegenheit, die bisher publizierte Keramik im Lichte der neuen Erkenntnisse (Dodt 2012; Dodt/La Torre 2014) zu betrachten. Es sei einschränkend bemerkt, dass die Bestandsaufnahmen noch nicht abgeschlossen sind und das Bauwerk noch nicht in seiner ganzen Tiefe und Breite untersucht ist.

Vorgesehen war die Keramikvorlage der Kaiserthermen-Ausgrabungen von 1912-1939, die schließlich Heinz Cüppers besorgte, bereits in der großen Publikation zur Architektur der Kaiserthermen durch Daniel Krencker (Krencker 1929, Inhaltsübersicht. – Hussong/Cüppers 1972, VII). Der bereits 1912-1914 fertiggestellte Grundriss ist bis heute unübertroffen, da es noch keinen entsprechenden Plan mit den später entdeckten Befunden gibt [Abb. 1]. Die Inhaltsübersicht der Kaiserthermen-Publikation sieht – neben Krüger, Steiner und Kentenich, von denen grundsätzliche Aufsätze zu dort genannten Themen an anderen Stellen erschienen sind – einen Faszikel (Abteilung II B.b) „Keramik zur Datierung" durch Siegfried Loeschcke vor. Kurz vor dem Erscheinen der großen Kaiserthermen-Publikation wird Ludwig Hussong 1927 zur Assistenz von Loeschcke bei der Keramikbearbeitung der Kaiserthermen eingestellt, bald wird ihm die gesamte Arbeit übertragen. In demselben Jahr begann die bereits von Krencker geplante Restaurierung der Ruine (Dodt 2012, 112 Abb. 13), die von Ausgrabungen begleitet wird – beide Maßnahmen von beispielhafter Methodik, zumal bereits

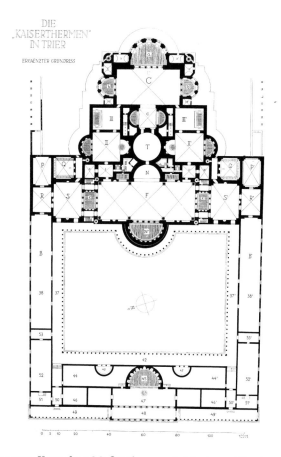

1
Trier, Kaiserthermen.
Grundriss.

die Untersuchungen von Krencker Maßstäbe gesetzt haben. Die Ausgrabungen von 1928-1937 galten vor allem den Kellergängen, deren Funktion bis heute noch nicht eindeutig geklärt ist. Friedrich Seyffarth hatte die meisten von ihnen bereits bei der Ausgrabung von 1866-1871 ermittelt, Krencker sie 1912-1920 dann im oberen Teil ausgegraben. In den Jahren 1928-1937 wurden sie bis zur Sohle freigelegt, während dessen die Schichten genau dokumentiert wurden, sodass die Keramik stratifiziert werden konnte [Abb. 2-3]. Dabei wurden die antiken Laufhorizonte festgestellt und auch Schnitte im Boden zur Ermittlung der Bautechnik angelegt. Des Weiteren wurden 1929 ein stehengebliebener Block mit einer Schichtenfolge an der südlichen Stadtmauer [Abb. 4] (Dodt/La Torre 2014, 28 Abb. 9), 1933 ein Abschnitt mit einer Schichtenfolge an der östlichen Stadtmauer [Abb. 5] und 1938/39 die Fundschichten beim Bau des neuen Wärterhauses dokumentiert [Abb. 6], deren Keramikkomplexe Eingang in die Publikation fanden (Hussong/Cüppers 1972, XI). Hussong unternimmt auch Sondagen zur Überprüfung von Schichtenfolgen der Ausgrabungen Krenckers, zum Beispiel im Wirtschaftshof östlich der Räume P und Q (Hussong/Cüppers 1972, 1-2), während Dipl.-Ing. Kurt Nagel die Bauuntersuchungen begleitet (Nagel 1932). Über die Maßnahmen wird – außer in der hier behandelten Keramikpublikation – nur in den Jahresberichten in der Trierer Zeitschrift 1930 bis 1935 berichtet.

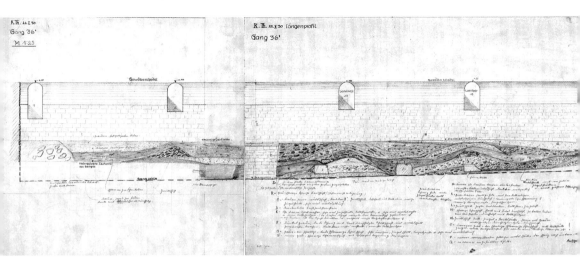

2

Trier, Kaiserthermen.
Nordprofil mit Schichten in
Gang 36'.

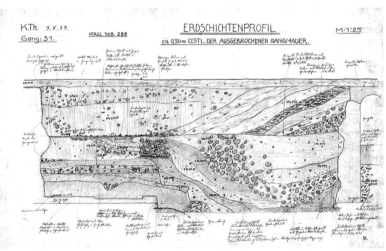

3

Trier, Kaiserthermen.
Schichten an der ausgebrochenen
Ostwand des Ganges 31.

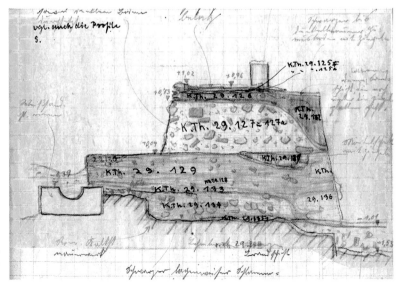

4

Trier, Kaiserthermen.
Schichten an der südlichen
Stadtmauer in Raum II' an
einem Erdblock.

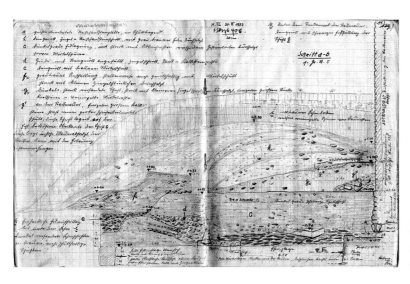

5

Trier, Kaiserthermen.
Schichtprofil an der östlichen
Stadtmauer.

6

Trier, Kaiserthermen, Nordseite.
Profilzeichnung beim Bau des
neuen Wärterhauses, 1938.

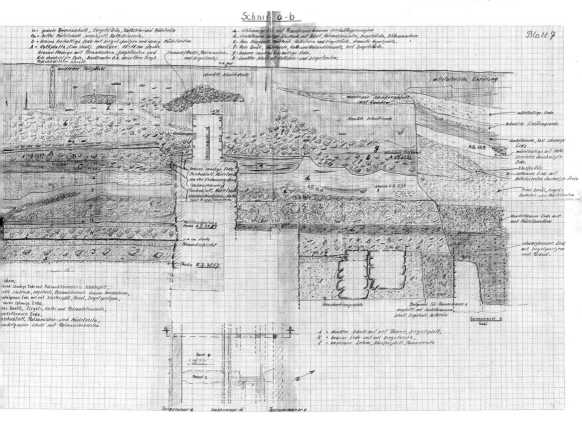

Bedauerlicherweise wird nach dem Zweiten Weltkrieg nicht an die Untersuchungen von 1928-1937 angeknüpft, genauso wenig wie über die nicht unerheblichen Bombentreffer berichtet wird, die römische und mittelalterliche Mauern sowie das neue Wärterhaus umwarfen und Keramikkomplexe auseinander rissen. Dabei setzten die Maßnahmen von 1928-1937 die Forschungen und das Konservierungskonzept Krenckers fort. Wilhelm Reusch, der 1960-1966 die Ausgrabungen im mittleren und nördlichen Teil der Palaestra wissenschaftlich leitete, Hussong persönlich kannte und sich auf Badry, der bei der gesamten Maßnahme vor dem Zweiten Weltkrieg beteiligt war, als Techniker stützte, knüpft hingegen an den Teil der älteren Kaiserthermen-Publikation an, der durch Sondagen von Krüger und Krencker ein eigenes Kapitel erhalten hatte: die vorthermenzeitlichen Wohnbauten mit ihrer prächtigen Ausstattung. Die Publikation von Reusch ist ebenfalls posthum erschienen (Reusch/Lutz/Kuhnen 2012). Es gab durchaus Überschneidungen der Ausgrabungen Reuschs mit den älteren von Hussong betreuten Ausgrabungen an der Westseite des Frigidariums mit den Kellergängen sowie an den Hallen und Kellergängen an der Nordseite der Palaestra, vor allem im Bereich des 1938/39 gebauten Wärterhauses. In der Publikation der Palaestragrabungen von 1960-1966 hat Marcel Lutz die Auswertung der Terra sigillata vorgelegt (Reusch/Lutz/Kuhnen 2012, 211-254), die sich allein auf die vorthermenzeitlichen Bauten bezieht und damit keine Ergänzung zur Keramikpublikation der Kaiserthermen bildet, mit Ausnahme der Argonnensigillata mit Rollrädchenverzierung, deren Korrektur Bakker in der Trierer Zeitschrift publiziert hat (Bakker 2014/15). Des Weiteren ist die Auffassung einer nachträglichen Einengung der Palaestra durch Stoen und Exedren, wie sie in der Keramikpublikation (Hussong/Cüppers 1972, 121) geäußert wurde, nicht an den neuen Ausgrabungen von 1960-1966 überprüft worden.

Die publizierte Keramik aus den Kaiserthermen-Grabungen und ihre Fundstellen

In den Rezensionen der Publikation der Kaiserthermen-Keramik (Hussong/Cüppers 1972) spricht Marcel Lutz grundsätzliches Lob aus (Lutz 1976), während Hayes darauf hinweist, dass man nicht genau nachvollziehen kann, woher die Scherben im Einzelnen stammen (Hayes 1975); Hayes hält eine Typologie für eine bereits antiquierte Keramikvorlage. Um das aber zu beurteilen, muss man sich mit den Befunden beschäftigen, was sowohl eine Aufgabe des Fundspezialisten ist, als auch zur allgemeinen Beurteilung der Kaiserthermen für zusammenfassende Übersichten und Führer von großem Gewinn wäre. Entsprechend der Kritik von Hayes hätten (mehr) Lage- und Befundpläne abgebildet werden müssen. Die Publikation zeigt nur zwei Profile: das erste Profil (Hussong/Cüppers 1972, 1 Abb. 2) findet sich im Schema bereits in der Publikation der Baubefunde (Krencker 1929 Abb. 202) wiedergegeben, das zweite (Hussong/Cüppers 1972, 36 Abb. 17) ist die Umzeichnung eines Profils mit Schichtenbeschreibung [Abb. 2], jedoch ohne die Fundnummern der Vorlage, die eine Zuweisung im Katalog hätte ermöglichen können. Vorschläge für Zeichnungen sind die unten gezeigten beziehungsweise genannten Profile.

Die zeitliche Gliederung in Keramik aus der Thermenerbauung, auch S-Keramik genannt, aus den Kellergängen und aus den Umbau-Schichten (Hussong/Cüppers 1972, 123) hätte gleich zu Beginn aufgeführt werden können, da diese nicht das Ergebnis der Auswertung der Befunde durch die Keramik bildet, sondern die von Krencker vorgegebene Chronologie der Bauperioden die Fundkomplexe datiert. Dabei gehen Hussong und Cüppers noch von der Annahme Krenckers aus, die Kaiserthermen seien nicht fertiggestellt worden. Diese Annahme beruht im Wesentlichen auf Beobachtungen Krenckers an den noch nicht vollständig freigelegten Kellergängen. Cüppers ist später von ihr abgerückt (Cüppers 1985, 4).

Die Gliederung benennt die Bereiche, aus denen die Fundkomplexe stammen:

Phase I – Keramik der Thermenerbauung

Die Keramik aus Schicht b und der Schutt(ablade)schicht (ss) im „Wirtschaftshof" östlich von Raum P/Q und nördlich von Raum II/III (Hussong/Cüppers 1972, 1-3 Abb. 2) stammt nach den Bearbeitern der Keramik aus der Zeit 300-320 (Hussong/Cüppers 1972, 123). „Verlässlich" datiert wird die Keramik dieses Horizontes jedoch nur durch eine Münze Konstantins d. Gr. aus einer Baugrube von Thermenmauern im „Quadrathof", vermutlich an einer Palaestra-Mauer.

Phase II – Keramik der Kellergänge

In dieselbe Zeit (300-320 n. Chr.) setzt Hussong einen geschlossenen Komplex aus Kellerraum 13 unter dem Umbau-Raum 107a (Hussong/Cüppers 1972, 31-34), das heißt, die Keramik müsste stratigraphisch den Umbau datieren, steht aber nach Hussong typologisch der Keramik der Thermenerbauung nahe [Abb. 7] und wird ebenfalls aufgrund der Entwicklungsstufe der Keramikformen in die Zeit von 300-320 n. Chr. eingeordnet (Hussong/Cüppers 1972, 31-34), was nun stratigraphisch bedenklich ist. Erklärt werden kann die Differenz durch den in der Zeittabelle (Hussong/Cüppers 1972, 123) genannten „Umbau der Präfurnien und Hypokausträume", die von Krencker beschrieben werden (Krencker 1929, 49 – allgemein; 72 – Kesselräume des Caldariums; 79 – Fundamentvorlagen im Caldarium; 86 – Heizkanäle zwischen T und c; 117 – Gang 29 mit Kanal; 159 – Zusammenfassung) und „die Bearbeiter zu unterschiedlicher Auffassung über Grad der Fertigstellung und eventuellen Nutzung kommen ließen" (Hussong/Cüppers 1972, 123). Wichtig ist hier auch der Hinweis, „daß die Räume bereits überwölbt und auch die Dachkonstruktionen fertig gestellt gewesen sein müssen, während sichere Hinweise auf die Installation der Wasserzu- und -ableitungen und der Badebecken nicht mehr festzustellen waren, allerdings bei den starken Umbauveränderungen und Zerstörungen späterer Zeiten erst verschwunden sein können"; bemerkenswert ist auch, dass Krencker in dem singulären Kanalstück in Gang 29 zunächst einen Beweis für die nicht erfolgte Fertigstellung des Kanalsystems und damit der Thermen sieht, dann aber die „Möglichkeit offen [lässt], anzunehmen, dass die [wenigen erhaltenen] Kanaleinbauten nur der Anfang einer Umänderung der gesamten Abwässerung gewesen sind, die ursprünglich in einer primitiveren Form (wie zum Beispiel in den Barbarathermen, als flache, mit Platten abgedeckte Rinne in Fußbodenhöhe des Kellerganges!) bereits vorhanden war und durch eine vollkommenere Anlage ersetzt werden sollte" (Krencker 1929, 117); Krencker sieht hier ähnliche Änderungsmaßnahmen wie in den Heizeinrichtungen. Die Planänderungen können nach heutigem Kenntnisstand auf Optionen zurückgeführt werden, die sich der Architekt – im Unterschied zu den Barbarathermen – beim Rohbau ließ, als er mehr Rohbauöffnungen für Praefurnien und Wasserzu- und -abläufe einrichtete, als nachher benötigt wurden. Dass allerdings das Praefurnium nach Raum III aufgegeben und Raum 13 bereits früh verfüllt wurde, ist auszuschließen, da Raum III nur über ein Praefurnium verfügte. Eine wertvolle Ergänzung zu der Datierung der Kaiserthermen-Keramik bildet nun die vor Kurzem erschienene Publikation der Fundmünzen. Die Münze aus dem Schutt unter dem Estrich, ein Antoninian des Claudius II von 270 n. Chr., hilft jedoch bei der zeitlichen Bestimmung der Keramik in Raum 13 sowie des Beginns des Umbaus nicht weiter (FMRD IV 3,2, 290 Nr. 225).

Der Keramikkomplex aus Raum 13 steht nach Hussong und Cüppers zwischen der Keramik der Thermenerbauung (Phase I) und der Keramik der Kellergänge (Phase II) (Hussong/Cüppers 1972, 35-61), die „sich in solche, die bei dem Umbau der Thermen verfüllt wurden und solche, die nach dem Umbau noch unverschüttet und vielleicht sogar benutzt waren" – das heißt, die Gänge an der Nord- und Südseite der Palaestra – unterscheiden lassen. Hier lieferten erst die Untersuchungen von 1928-1937 verlässliche Stratigraphien [Abb. 3]. Jedoch wurde die Erwartung einer klaren Trennung von älterer und jüngerer Kellergang-Keramik nicht erfüllt; allein die Verfüllung des Raumes 13 enthielt früheste Kellergang-Keramik. Die Kellergang-Keramik gehört allgemein in die Zeit vom Beginn des 4. Jahrhunderts bis 375 n. Chr. Die Zeitbestimmung beruht jedoch auf der Periodisierung des Umbaus und nicht dieser auf der Keramik. Eine belastbare Datierung gibt es nicht. Gelegentlich wird auch „um die Mitte des 4. Jahrhunderts" als zeitliche Einordnung angegeben (Goethert 2010, 126).

Phase III – Keramik des Thermenumbaus

In Phase III (Hussong/Cüppers 1972, 63-82) wurde das Frigidarium niedergelegt und die Palaestra als Hof erweitert. Die neue Funktion der umgebauten Kaiserthermen ist nicht geklärt. Das Profil des Ganges 36', dessen Gewölbe erhalten ist, lässt an den Schichtenhügeln unter den Lichtschächten erkennen, wie bei und nach dem Umbau Schutt durch diese hineingeworfen wurde [Abb. 3]; dies sei auch nach dem

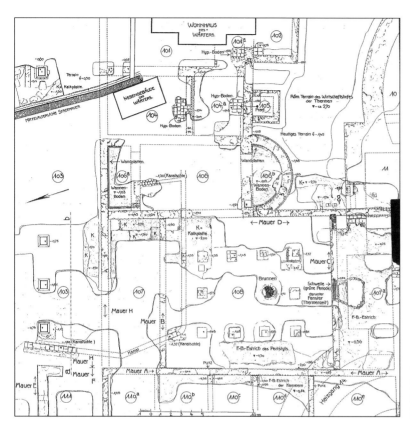

7
Trier, Kaiserthermen.
Draufsicht von Raum 107a mit
Estrich, darunter Raum 13.

vollendeten Umbau geschehen, der bis zu seiner Zerstörung und Auf-
lassung im Jahre 430 n. Chr. bestand. Es ist jedoch einzuwenden, dass
einige Profilzeichnungen Lichtschächte zeigen, die durch Traufrinnen
versperrt sind. Hier ist eine Überprüfung der angeführten Vergleiche
ratsam. Der zweite Bereich, aus dem Keramikkomplexe entnommen
wurden, ist wieder der ehemalige „Wirtschaftshof" an der Nordseite
des Caldariums [Abb. 7], dessen genaue Fundstelle jedoch nicht abgebildet wird. Dort wird beim Umbau eine kleine Badeanlage eingerichtet,
nachdem die großen Thermen teils umgebaut, teils abgebrochen waren. Auch dieser Bereich wird von Cüppers als nicht ergiebig bezeichnet, und er leitet über zu „Scherbenfunden aus dem Brandschutt in
Raum II und III". Hier war vor den Ausgrabungen Krenckers 1912-1914
zwar noch ein Erdhügel, der mittelalterliche Mauern barg, unberührt,
dieser wurde beim Abtrag jedoch nicht mit seinen Schichten dokumentiert, und es ist zu erwarten, dass mittelalterliche Ausbrüche der
Thermenmauern und die Errichtung der genannten Mauern die spätrömischen Fundkomplexe gestört haben werden. Der dritte in der Keramikpublikation berücksichtigte Fundkomplex stammt aus dem langen, schmalen Kellergang 31; es muss jedoch darauf hingewiesen werden, dass der Gang von mittelalterlichen Kellereinbauten und einem
Brunnen gestört war und die Funde nicht eindeutig einer Bau- oder

Nutzungsperiode zugeordnet werden können. So sind in den genannten Fundkomplexen Münzen, die bis in valentinianische Zeit reichen, zwar wichtig und können den Beginn der Umbauperiode und des Keramikhorizontes zeitlich – um 375 n. Chr. – bestimmen, sicher ist dies jedoch nicht. Als Fundkomplex vom Ende dieses Keramikhorizontes – um 430 n. Chr. – werden aus den Gängen 36 und 40 geborgene Scherben angeführt; auch diese Gänge sind nicht geschlossen und schließen eine Verlagerung aus späterer Zeit nicht aus. Die über den Estrichen der Umbauperiode gefundene Keramik ist stratigraphisch und damit zeitlich nach oben offen, während unter den Estrichen nur der genannte Fundkomplex in Raum 13 geborgen wurde, der typologisch am Übergang der Erbauungs- zur Kellergang-Keramik steht. Nur eine einzige Münze des Valens, die in der Umbaurinne eingeklemmt war (Hussong/Cüppers 1972, 64), ist mit der Umbauperiode eindeutig verbunden. Zwei publizierte Fundplätze in Trier werden zur Eingrenzung des Keramikspektrums der Kaiserthermen angeführt: der Tempelbezirk Altbachtal südlich der Kaiserthermen, der aufgelassen wurde, als man den Thermenumbau begann; die späteste römische Keramik der Barbarathermen, die als Referenz aufgenommen ist (Hussong/Cüppers 1972, 85-93), setzt am Ende der Keramik des Kaiserthermen-Umbaus ein (420-430 n. Chr.). Sie stammt von nicht stratifizierten Fundstellen der an sich guten Ausgrabung von 1910/11 und kann nur durch den Vergleich mit frühfränkischen Gräberfeldern datiert werden. Die fränkische Keramik aus der Kaiserthermen-Publikation schließt nicht an die späte Barbarathermen-Keramik in der Mitte des 5. Jahrhunderts an, sondern zeigt spätmerowingisch-karolingische Keramik (700-900 n. Chr.). Es besteht jedoch die Möglichkeit, aus den Schichtenfolgen in den Räumen II' und Ia' Informationen zur früheren Merowingerzeit durch Fundauswertung zu erhalten (Dodt/La Torre 2014 Abb. 9), welche die frühmittelalterliche Nutzung des Kaiserthermen-Umbaus und nicht lediglich den Abbruch untermauern können, wie sie Hussong geäußert hat (Hussong 1956/58).

Die Beurteilung der Publikation der Kaiserthermen-Keramik
Trotz der hier geäußerten Bedenken bei der Lokalisierung der Fundkomplexe, die in Bezug zur Baukonstruktion steht, dürfte die in der Publikation dargestellte Entwicklung der Kaiserthermen-Keramik im 4. bis Anfang des 5. Jahrhunderts n. Chr. zuverlässig sein. Sie knüpft an den älteren Keramikhorizont, der im Rheinland durch germanische Invasionen von 259-275 n. Chr. markiert ist und sich im Kastell Niederbieber und den Töpfereien von Trier (Louis-Lintz-Straße) und Speicher niedergeschlagen hat. Auffallend ist das Vorkommen Speicherer Ware unter der Keramik der Kaiserthermen-Erbauung (Hussong/Cüppers 1972, 25). Die Produktion von Speicher hat sich offensichtlich, wie die in der Nähe des Kastells Niederbieber liegende Töpferei von Urmitz-Weißenthurm, über den Fall des rechtsrheinischen Limes hinaus bis Mitte des 4. Jahrhunderts gehalten (Bakker 1996, 221 f. – Friedrich 2012, 264 f.).

Wie wir festgestellt haben, ist nun nicht die gesamte spätrömische und frühmittelalterliche Keramik der Kaiserthermen bearbeitet, sondern es sind Typen aus einigen Fundkomplexen vorgelegt, die den verschiedenen Bauperioden zugeordnet wurden. Ziel einer vollständigen Untersuchung wäre unter anderem, weitere geschlossene Fundkomplexe zu diesen Perioden mit weiteren Keramikformen etc. vorzulegen und genau herauszufinden, welche Gänge zu welcher Zeit zugeschüttet wurden. Bei einer vollständigen Fundvorlage wären weitere Materialgruppen einzuschließen, vor allem die vor Kurzem vorgelegten Münzen (Fundmünzen 2006), die bis 408 n. Chr. eine Ergänzung zur Datierung durch die Keramik bilden, sowie die Argonnensigillata mit Rädchenverzierung (Bakker 2014/15), die feste Datierungen bis in das 6. Jahrhundert ermöglichen. Bezüglich dieser Keramikgruppe zeigt uns die Bemerkung Hussongs, „daß in dem Alzeyer constantinischen Keller rädchenverzierte Sigillata gefunden wurde, die unter der S-Keramik noch völlig fehlt", wie unterschiedlich der Fundniederschlag sein kann.

Neue Ansätze in der Periodisierung der Kaiserthermen

Wie oben angedeutet, ist die Periodisierung der Kaiserthermen durch Daniel Krencker, auf der die Datierung der Keramik beruht, zu hinterfragen, vor allem die Annahme Krenckers, die Kaiserthermen seien nicht in Betrieb genommen worden. Für die Fertigstellung und Inbetriebnahme spricht die relativ kurze Bauzeit anderer großer römischer Thermen. So ist überliefert, dass der Badeblock der Caracallathermen in Rom binnen fünf Jahren (211/12-216 n. Chr.) fertiggestellt wurde (Garbrecht/Manderscheid 1994, 93; 247), der Bau der mit den Trierer Kaiserthermen fast gleichzeitigen Diokletiansthermen nach acht Jahren (298-306 n. Chr.) vollendet war (Coarelli 2000, 252-253).

Außerdem gibt es weitere Hinweise gegen Krenckers Annahme, die Kaiserthermen seien als Badegebäude nicht fertiggestellt worden:

• Krencker selbst beobachtete Löcher und Reste von eisernen T-Nägeln (Klammern), die Wandplatten oder Tubuli der Hypokaustanlage festhielten und nach deren Verteilung an der Westwand des Raumes III' er die Wandverkleidung rekonstruieren kann; wir können entsprechende Verteilungen von T-Nägeln auch an anderen Wänden desselben Raumes sowie in vielen anderen Räumen feststellen (Dodt/La Torre 2014, 20 f. Abb. 4-5; Dodt/La Torre 2015 Abb. 3). Wahrscheinlich stammen auch die zahlreichen Stücke Wandverkleidung vom Thermenbau (Dodt 2014, 54).

- Auch die genannten Bemerkungen Krenckers von Umbauten an Praefurnia unter anderem „während des Betriebs der Thermen" deuten auf eine Fertigstellung der großen Badeanlage hin. Die meisten der heute sichtbaren Heiz- und Abwasseröffnungen sind Rohbauöffnungen, die erst bei Einrichtung der Installation auf die erforderliche Größe für das Praefurnium oder den Abfluss verringert wurden. Dies ist gut bei einem Wasserabfluss in der Apsis b' nachzuvollziehen, die für den Einbau des Abflussrohres nach oben erweitert werden musste (Dodt/La Torre 2015, 203-204 Abb. 8). Einen derartigen Aufwand betreibt man nur, wenn die Wanne fest installiert ist und man sie bald in Betrieb nehmen wird.
- Die „Kellergänge" wurden von Daniel Krencker zwar zu einem großen Teil ausgegraben, jedoch oft nicht bis zur Sohle. Er nimmt generell eine Gliederung in zwei Etagen und eine doppelte Funktion an (Krencker 1929): Der untere Teil bildete einen Kanal für das Abwasser, der obere einen Bedienungsgang. Jedoch sind zwei Stockwerke nur in wenigen Kellergängen vorhanden; sie haben unterschiedliche Höhe und lassen kein plansymmetrisches System erkennen. Außerdem benötigt man unter dem Frigidarium keine Bedienungsgänge, da es dort keine Heizungen gibt. Im Vergleich damit haben die Barbarathermen unter dem Frigidarium zwar auch große Sammler, diese sind jedoch erheblich niedriger als die der Kaiserthermen. Man muss also über eine andere Funktion der „Kellergänge" der Kaiserthermen nachdenken, zum Beispiel als Substruktionen, in denen es auch Bedienungsgänge und Kanäle gab. Unterschiedliche Funktionen der „Kellergänge" haben auch Auswirkungen auf den Zeitpunkt der Ablagerung der Keramik. Je nach ihrer Funktion können die Gänge während derselben Nutzungsphase zu unterschiedlichen Zeiten zugeschüttet worden sein.

Ausblick

Die Vorlage der Keramik aus den Kaiserthermen-Grabungen von 1912-1939 ist eine „typengeschichtliche Entwicklung der spätrömischen Keramik" (Hussong/Cüppers 1972, XI), die auf der zeitlichen Einordnung von Fundkomplexen durch die Datierung des Baus beruht. Ohne die Bedeutung der Publikation der Kaiserthermen-Keramik schmälern zu wollen, ist es für die Datierung und Funktionsbestimmung der Kaiserthermen und ihrer Räume aber notwendig – und möglich –, sämtliche Fundkomplexe der Grabungen von 1912-1920, 1928-1937 und 1960-1966 heranzuziehen und sie mit den neuen Ansätzen zur Periodisierung abzugleichen. Auf der Grundlage der Publikation der Kaiserthermen-Keramik können unter Heranziehung weiterer Fundkomplexe neue Datierungen und Funktionszuweisungen einzelner Bereiche unternommen werden.

Dieser Artikel ist dem Andenken an meinen verstorbenen Vater Günther Dodt (1931-2011) gewidmet, der mir das Buch zur Kaiserthermen-Keramik bereits zu Beginn meines Studiums geschenkt hat.

Literatur

L. Bakker, Gefäßkeramik in spätrömischer und frühmittelalterlicher Zeit. In: Die Domgrabung Köln. Kolloquium zur Baugeschichte und Archäologie, 14.-17.03.1984. Hrsg. von A. Wolf. Studien zum Kölner Dom 2 (Köln 1996) 217-238. – L. Bakker, Die rädchenverzierte Argonnensigillata aus dem Westteil der Trierer Kaiserthermen. Trierer Zeitschrift 77/78, 2014/15, 201-226. – F. Coarelli, Rom. Ein archäologischer Führer (Mainz 2000). – H. Cüppers, Die Kaiserthermen in Trier. Zerstörung, Konservierung und Restaurierung. Trier-Texte 5 (Trier 1984). – H. Cüppers, Konservierung, Restaurierung und Rekonstruktion antiker Baudenkmale im Stadt- und Landgebiet von Trier. In: Konservierte Geschichte? Antike Bauten und ihre Erhaltung. Hrsg. von G. Ulbert/G. Weber (Stuttgart 1985) 99-116. – M. Dodt, 100 Jahre Ausgrabungen und Restaurierungen an den Trierer Kaiserthermen. Funde und Ausgrabungen im Bezirk Trier 44, 2012, 99-117. – M. Dodt, Marmorluxus in den großen römischen Thermen der Stadt Trier. Funde und Ausgrabungen im Bezirk Trier 46, 2014, 52-67. – M. Dodt/M. La Torre, Neue Untersuchungen an den Trierer Kaiserthermen. Kurtrierisches Jahrbuch 53, 2014, 13-29. – M. Dodt/M. La Torre, Neue Untersuchungen und Restaurierungen an den Trierer Kaiserthermen. Bericht über die 48. Tagung für Ausgrabungswissenschaft und Bauforschung der Koldewey-Gesellschaft vom 28. Mai bis 1. Juni 2014 in Erfurt (Stuttgart 2015) 197-2015. – S. Friedrich, Die römischen Töpfereien von Weißenthurm am Rhein und ihr Umland. In: M. Grünewald/St. Wenzel, Römische Landnutzung in der Eifel. Neue Ausgrabungen und Forschungen. Tagung in Mayen 3.-6.11.2011. RGZM-Tagungen 16 (Mainz 2012) 263-275. – G. Garbrecht/H. Manderscheid, Die Wasserbewirtschaftung römischer Thermen. Archäologische und hydrotechnische Untersuchungen. Mitteilungen des Leichtweiss-Instituts 118 (Braunschweig 1994). – K.-P. Goethert, Römerbauten in Trier. Edition Burgen, Schlösser, Altertümer Rheinland-Pfalz, Führungsheft 20 ²(Regensburg 2010). – J. W. Hayes, Rezension zu Hussong/Cüppers 1972. Gnomon 47, 1975, 222-224. – L. Hussong, Zur rheinländischen Frühgeschichtsforschung. Trierer Zeitschrift 24, 1956-58, 235-259. – L. Hussong/H. Cüppers, Die Trierer Kaiserthermen. Die spätrömische und frühmittelalterliche Keramik. Trierer Forschungen und Ausgrabungen 1,2 (Mainz 1972). – D. Krencker, Die Trierer Kaiserthermen. Trierer Forschungen und Ausgrabungen 1,1 (Augsburg 1929). – M. Lutz, Rezension zu Hussong/Cüppers 1972. Revue archéologique de l'est 27, 1976, 587-589. – K. Nagel, Ein Beitrag zur Frage der Fundamentierung der Trierer Kaiserthermen. Trierer Zeitschrift 7, 1932, 61-68. – R. Pirling/M. Siepen, Die Funde aus den römischen Gräbern von Krefeld-Gellep. Germanische Denkmäler der Völkerwanderungszeit 20 (Stuttgart 2006). – M. R.-Alföldi, Die Fundmünzen der römischen Zeit in Deutschland (FMRD) IV 3,2 (Mainz 2006) 245-335. – W. Reusch/M. Lutz/H. P. Kuhnen, Die Ausgrabungen im Westteil der Trierer Kaiserthermen 1960-1966. Archäologie aus Rheinland-Pfalz 1 (Rahden 2012).

Abbildungsnachweis
Abb. 1 nach: Krencker 1929 Taf. 2.
Abb. 2-3; 6 RLM Trier, Planarchiv, Kaiserthermen-Pläne (1930-1938).
Abb. 4 RLM Trier, Skizzenbuch 306 (1929) S. 25 mit Deckblatt.
Abb. 5 RLM Trier, Skizzenbuch 408 (1933) S. 10/11.
Abb. 7 nach: Krencker 1929 Abb. 192.

Frank Unruh *„Ein atzel eine muisse und II Heener"*

Franz von Sickingen belagert Trier im Jahr 1522

Präsentation im Rheinischen Landesmuseum Trier
29. Mai - 25. Oktober 2015

Raubritter, Beschützer der Gerechtigkeit, Vorkämpfer der Reformation. Wer oder was war Franz von Sickingen, der vom 8. bis 14. September 1522 Trier belagerte? Ihm war im Landesmuseum Mainz die
Sonderausstellung „Ritter! Tod! Teufel? – Franz von Sickingen und die
Reformation" (21. Mai - 25. Oktober 2015) gewidmet. Aus diesem Anlass veranschaulichte auch eine Präsentation im Rheinischen Landesmuseum Trier sechs Tage aus der Geschichte des Mannes, der bis in
die Gegenwart zum Helden stilisiert wurde. Ergänzt wurde sie durch
zwei Führungen zu Exponaten aus der Zeit Sickingens sowie zu den
Örtlichkeiten der Belagerung.

Zu den Geschehnissen des Jahres 1522 stehen zwei Zeitzeugen zur
Verfügung, die ausführliche Schilderungen hinterlassen haben: Der
eine ist der Humanist und Lehrer an der Universität Trier – Bartholo-
mäus Latomus aus Arlon. Er schrieb im Jahr 1523 eine Erzählung in
1 089 lateinischen Versen. Auf Deutsch lautet ihr Titel: „Der denkwür-
dige Aufstand des Franz von Sickingen mit der Belagerung Triers und
dem Tod desselben". Der zweite ist der Trierer Ratsschreiber Johann
Flade, dessen Aufzeichnungen die Überschrift tragen: „Wie Franz von
Sickingen dem Stift [dem Erzbistum] Schaden zugefügt und die Stadt
Trier belagert hat im September des Jahres 1522".

Der Raubzug Sickingens

Der dem Ritterstand angehörende Franz von Sickingen wurde 1481
auf der Ebernburg bei Bad Kreuznach geboren und hatte mehrere Be-
sitztümer in den Regionen Nahe, Elsass und Kraichgau, wo er sich zumeist aufhielt, geerbt. Politischen Einfluss und Geldvermögen wusste
er durch private Kriegszüge, ebenso in Solddiensten unter Missach-
tung des geltenden Reichsrechts zu vermehren.

Bevor sich Sickingen schließlich auch gegen Trier wandte, war er durch das Saarland und Birkenfeld gezogen, wo er Furcht und Schrecken verbreitet hatte [Abb 1]. Zuvor hatte er dem Trierer Erzbischof und Kurfürsten Richard von Greiffenklau den Krieg erklärt. Er wählte dafür die seit dem „Ewigen Landfrieden" von 1495 geächtete Fehde – die Selbstjustiz aus dem Rittertum des Mittelalters. Sickingen galt als militärischer Anführer des gegenüber den Landesherren benachteiligten Standes der Reichsritter. Er sympathisierte mit der Reformation und bot deren verfolgten Anhängern Schutz. Zugleich schloss er ein Bündnis mit weiteren Rittern, darunter Ulrich von Hutten, der auch literarisch agitierte. Als Fehdegrund gab Sickingen an, durch Greiffenklau in seiner Ehre verletzt worden zu sein. Anlass zum Krieg bot ein Streit, den der Kurfürst vor ein Reichsgericht, nicht vor eines der Ritter, ziehen wollte. An der Spitze von angeblich 5 000 Mann zu Fuß und 1 500 Reitern zog Sickingen gegen Trier, das er am 8. September erreichte [Abb. 2].

Greiffenklau verteidigt Trier

Die durch die Kunde vom Raubzug Sickingens im Saarland schon von Furcht gezeichneten Trierer Bürger wusste der Kurfürst wieder moralisch aufzurichten [Abb. 3]. Ohne seine organisatorischen und taktischen Fähigkeiten hätten sie der Belagerung nicht lange standgehalten. Die Zeit, die Sickingen mit der Verwüstung des Landes vergeudete, hatte Greiffenklau genutzt, um die Besatzung der Stadt zu verstärken. Von seiner Residenz auf dem Ehrenbreitstein bei Koblenz, wo ihn der Fehdebrief Sickingens erreichte, zog er die Mosel aufwärts.

2
Trier.
Ansicht der Stadt.
Nach Sebastian Münster,
Cosmographia („Welt-
beschreibung"), um 1550.

RLM Trier, Grafiksammlung,
Inv. D 1661.

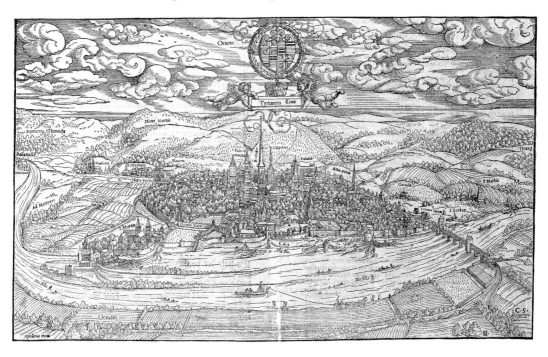

3
Medaille des Kurfürsten Richard von Greiffenklau. Umschrift der Vorderseite: „Richard, von Gottes Gnaden Erzbischof von Trier, im Alter von 55 Jahren" (1522) Bronze.

RLM Trier, Inv. 1900,364.

In Trier ließ er ein zuvor ausgehobenes Aufgebot aus den Städten und Bezirken des Landes versammeln, insgesamt etwa 2 200 Mann. Aus Trier standen etwa 900 Mann zur Verfügung. Der Kurfürst selbst traf mit einer kleinen Streitmacht zwei Tage vor der Ankunft Sickingens in Trier ein.

Gelobt wird Greiffenklaus persönlicher Einsatz bei der Verteidigung Triers, negativ hat man ihm die partielle Zerstörung der Abtei St. Maximin und der darin gelagerten Vorräte angekreidet. Letztere hätten Sickingen allerdings zur Versorgung seiner Truppen dienen können. Der Verlust war nicht von Nachteil für die Trierer Händler, die so eine Konkurrenz vor den Toren der Stadt loswurden.

Die Person Richard von Greiffenklaus ist in Trier mit der ersten regulären Ausstellung des „Heiligen Rocks", der *Tunica Christi*, anlässlich eines Besuchs von Kaiser Maximilian I. im Jahr 1512 verknüpft. Danach fanden diese „Zeigungen" zunächst jährlich statt. Angesichts der Kirchenkritik durch die Reformatoren um Martin Luther verstärkte Greiffenklau seine gegenreformatorische Politik, die sich unter anderem 1530 in der Stiftung eines farbigen Glasfensters im Trierer Dom widerspiegelt, auf dem Christus als „wahrer Weinstock" die Einheit der Kirche symbolisiert [**Abb. 4**]. Dieses Glasfenster stand in engem Zusammenhang mit seinem Grabaltar, den er 1525 im Dom hatte anbringen lassen.

In die letzten Regierungsjahre des Kurfürsten gehört auch der in seiner Gesamterscheinung einzigartige Grabaltar des Domdekans Christoph von Rheineck, dessen Architekturelemente mitsamt der Auferstehungsgruppe seit 1999 im Rheinischen Landesmuseum Trier aufgestellt sind. Im Zusammenhang mit der Belagerung durch Franz von Sickingen vermögen die als Kriegsknechte der Zeit dargestellten Wächterfiguren einen Eindruck vom Aussehen der damaligen Kontrahenten zu vermitteln [**Abb. 5**].

4
Trier, Dom. Maria kultiviert den ‚wahren Weinstock'. Glasfenster, 1530.

RLM Trier, Inv. G 518.

5
Trier, Liebfrauen. Kriegsknecht mit Armbrust. Wächterfigur auf dem Grabmal des Christoph von Rheineck, 1530.

RLM Trier, Inv. 1906,695.

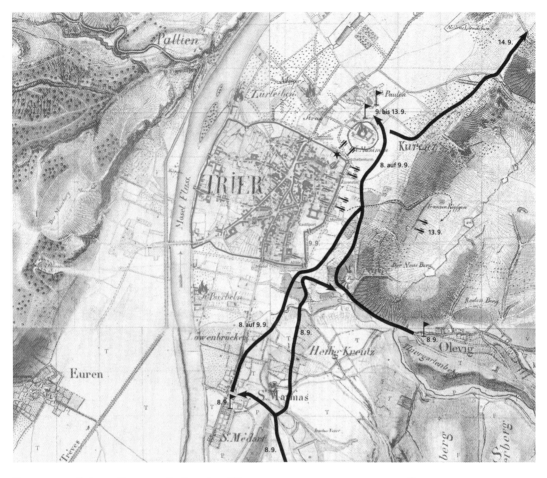

Kanonen auf dem „Franzensknüppchen"?

Vom 9. bis 13. September 1522 beschossen Sickingens Geschütze den nordöstlichen Abschnitt der Trierer Stadtbefestigung. Am 9. gelang es einem ‚Stoßtrupp' aus der Stadt, die Kanonen vorübergehend außer Gefecht zu setzen. Eine in die Mauer geschossene Bresche konnten die Verteidiger wieder schließen. Am 13. September unternahm Sickingen den Versuch, Trier auch vom Petrisberg aus zu beschießen. Um das Geschehen dieser Tage zu veranschaulichen, wurde für die Präsentation eigens eine Karte angefertigt [Abb. 6].

Eine mit der Belagerung verbundene Legende bezieht sich auf einen künstlichen Hügel auf dem Petrisberg, seit dem 17. Jahrhundert „Franzensknüppchen" genannt. Hier soll Sickingen seine Geschütze zur Beschießung der Stadt aufgestellt, nach einer Überlieferung den Hügel selbst angelegt haben. Eine andere Tradition vermutet dort sogar die Bestattung seines Kopfes. Latomus berichtet, dass Sickingen nach erfolgloser Beschießung des nordöstlichen Abschnitts der Stadtmauer seine Kanonen auf den – damals sogenannten – Marsberg ziehen ließ. Er erwähnt den Hügel als Grab des sagenhaften Stadtgründers Trebeta, nicht aber als Geschützstellung: „Denn von der Berghöhe Mitte, die grade der Stadt gegenüber, zielt er auf Dächer und Häuser".

6
Trier.
Ablauf der Belagerung der Stadt
durch Franz von Sickingen, 1522.

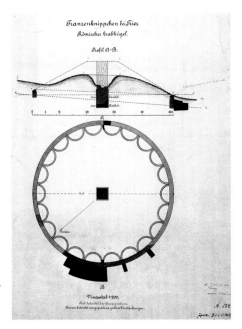

7
Trier, „Franzensknüppchen".
Plan der Ausgrabung, 1866.

Schon 1785 hat man bei Grabungen im Inneren des Hügels römisches Mauerwerk gefunden. Eine Grabung im Jahr 1866 bestätigte den römischen Mauerkern und stellte Teile einer kreisförmigen Umfassungsmauer von etwa 51 m Durchmesser fest [Abb. 7]. Die genaue Zweckbestimmung der einst etwa 13 m hohen Aufschüttung – als Grabtumulus oder Unterbau eines Siegesmals *(tropaeum)* – ist bis heute nicht bekannt.

Über die Auswirkungen der Belagerung und ihre „Todesopfer" spottet Johann Flade: „[…] trotz allem heftigen Schießen, [haben] nur eine Elster, eine Maus und zwei Hühner, wie man sagt, das Leben gelassen". Am vorletzten Tag griff Sickingen zu einem letzten Mittel und ließ mit Pfeilen Briefe in die Stadt schießen, in denen er den Trierer Bürgern versichert, weder ihr „Blut noch Gut" zu begehren. Dagegen wirft er dem Erzbischof ungerechtes Verhalten ihm gegenüber vor, wodurch er zu seinem Vorgehen veranlasst sei. Man solle ihm die Stadt bis zum nächsten Morgen übergeben, er werde Leib, Leben und Gut der Bürger nicht antasten. Stattdessen werde er sich „gegen des Bischofs und aller einwohnenden Pfaffen und Mönche Hab und Gut" freie Hand vorbehalten.

Am Sonntag, dem 14. September, nach „VI [sechs-]tegier belagerung", bei der man auf beiden Seiten je „XX [20] Tonnen […] gueten Pulvers […] verschossen" habe, so resümiert Johann Flade, zog Franz von Sickingen am rechten Moselufer entlang wieder ab.

Nachdem am 10. Oktober 1522 durch Kaiser Karl V. die Reichsacht über Sickingen verhängt wurde, er somit ‚vogelfrei' war, vereinten sich im folgenden Jahr Richard von Greiffenklau, der Pfälzer Kurfürst und der Landgraf von Hessen zur Exekution gegen den „Landfriedensbrecher". Sickingen starb schwer verwundet am 7. Mai 1523 bei der Belagerung seiner Burg Nanstein bei Landstuhl.

„Der Herr ist gerecht, aber wunderbar. Er will seinem Evangelium nicht mit dem Schwert helfen" – so soll der Reformator Martin Luther über den Ritter Franz von Sickingen geurteilt haben. Doch unternahm dieser wirklich den Versuch, in Trier die Reformation „mit dem Schwert" einzuführen, wie 1559 Caspar Olevian auf dem Weg der Predigt?

Ob er tatsächlich gegen eine ‚verweltlichte' Kirche im Sinne Luthers in den Kampf zog, ist eher fraglich. Schwerer mag seine prekäre finanzielle Situation nach einem gescheiterten Feldzug für den Kaiser gewogen haben. Dieser verweigerte ihm danach die Zahlung von 100 000 Gulden. Auch Latomus schreibt, dass „dieser Sickingen […] mit den Waffen den trierischen Reichtum sich wollte ergattern." Sein oben erwähnter, von Johann Flade zitierter und im Original erhaltener „Pfeilbrief" als Selbstzeugnis weist in dieselbe Richtung. Kein Wort fällt über typisch reformatorische Anliegen wie Kritik an Ablass oder Wallfahrt. Sickingen nachgesagte Äußerungen über eine eigene Herrschaft als Kurfürst oder gar Kaiser fügen sich nicht ins Bild.

Literatur

Begleitbuch und Katalog der Ausstellung im Landesmuseum Mainz:
Ritter! Tod! Teufel? Franz von Sickingen und die Reformation. Hrsg. von W. Breul (Regensburg 2015).

[J. Flade], Wie Frantz von Sieckingen den Stifft beschediget und die Stat Trier belegeret hait. Im September des Jairs XVcXXII (d. i. 1522). Trierische Kronik 5, 1820, 153-161. – G. Franz, Trier zur Reformationszeit. In: Caspar Olevian und der Reformationsversuch in Trier vor 450 Jahren. 1559-2009 (Trier 2009) 44-50. – K.-J. Gilles, Die Geschichte der Stadt Zell-Mosel bis 1816. Ortschroniken des Trierer Landes 28 (Trier 1997). – Die Kartenaufnahme der Rheinlande durch Tranchot und v. Müffling, 1803-1820. Publikationen der Gesellschaft für Rheinische Geschichtskunde XII 2, N. F. Zusammendruck der Nummern 214, 215, 226, 227, 1812/1818 (Koblenz 1977). – [B. Latomus], Sickingens Raubzug gegen Trier 1522. Übers. von J. Mörschbacher. Trierische Heimat 2, 1926, 72-74; 90-94; 100-103; 139-143; 154-157; 173-176; 189-191. – A. Neyses, Das Franzensknüppchen auf dem Petrisberg bei Kürenz oder das Grab des Trebeta. Kurtrierisches Jahrbuch 18, 1978, 192-197. – I. Rauch, „Extra ecclesiam nulla salus". Das Weinstockfenster aus dem Trierer Dom als Reaktion auf Luthers Kirchenkritik. In: Deutsche Glasmalerei des Mittelalters 2. Hrsg. von R. Becksmann (Berlin 1992) 173-186. – K. Schneider/G. M. Forneck, Die Medaillen und Gedenkmünzen der Erzbischöfe und Kurfürsten von Trier. Kataloge und Schriften des Bischöflichen Dom- und Diözesanmuseums Trier 2 (Trier 1993) 17 Nr. 1. – J. Wegeler, Richard von Greiffenclau zu Vollraths, Erzbischof und Kurfürst von Trier 1511-1531. Ein Beitrag zur Specialgeschichte der Rheinlande (Trier 1881). – E. Zenz, Chronik der Stadt Trier (Trier 1985).

Abbildungsnachweis
Abb. 1; 3-5 Th. Zühmer, RLM Trier.
Abb. 2 RLM Trier, Foto MB 1960,440.
Abb. 6 Plangrundlage: Kartenaufnahme der Rheinlande 1977. Entwurf: F. Unruh; Ausführung: F.-J. Dewald, RLM Trier.
Abb. 7 RLM Trier, Plan A 134.

Korana Deppmeyer   # „1636 – ihre letzte Schlacht"

Sonderausstellung im Rheinischen Landesmuseum Trier
17. April - 18. Oktober 2015

1

*Figuren bewaffneter
Landsknechte am Aufgang zur
Sonderausstellung „1636".*

Im Jahr 1636 fand bei Wittstock in der Prignitz (Brandenburg) eine der größten und blutigsten Schlachten des Dreißigjährigen Krieges statt. Die Kämpfe zwischen kaiserlich-sächsischen Truppen und der schwedischen Armee beeinflussten in ihrem Ausgang den weiteren Verlauf des Krieges, der noch ganze zwölf Jahre die Länder verwüstete und die Bevölkerung dezimierte, bis endlich im Jahr 1648 der Westfälische Frieden diese für ganz Europa grausamen 30 Jahre beendete.

2007 kam es in Wittstock zu einem Zufallsfund, wie er der Archäologie äußerst selten beschert ist: In einem Gewerbegebiet entdeckten Bauarbeiter ein Massengrab mit 125 Toten. Es folgten minutiös durchgeführte Ausgrabungen und Untersuchungen durch die zuständige Archäologische Denkmalpflege (Brandenburgisches Landesamt für Denkmalpflege und Archäologisches Landesmuseum). Schnell war klar, dass es sich um Gefallene einer Schlacht des Dreißigjährigen Krieges handelt. Die Untersuchungen erbrachten sensationelle Erkenntnisse, die aus der Zusammenarbeit verschiedenster Disziplinen wie der Archäologie, Geschichte, Anthropologie, Paläopathologie, Archäometrik, Humangenetik, Forensik, Numismatik, Geologie und von Fachleuten aus den Bereichen der Ballistik und Waffenkunde hervorgingen. Damit ist ein weiteres, wichtiges Ereignis der noch jungen Disziplin der Schlachtfeldarchäologie hinzugefügt worden.

Aus den Ergebnissen entwickelte das Archäologische Landesmuseum Brandenburg eine Sonderausstellung, die nicht vorwiegend den historischen Ablauf des Geschehens fokussiert, sondern das Leben der Soldaten und der vom Krieg betroffenen Bevölkerung und ihren Alltag. Das Ergebnis war so spannend wie erschütternd – unter völlig neuen Kriterien und Blickwinkeln wurde ein faszinierendes, wenn auch schreckliches Abbild von 30 Jahren Kriegsgeschichte entworfen.

Die zunächst und erstmalig im Jahr 2012 im Archäologischen Landesmuseum in Brandenburg gezeigte Ausstellung hatte eine so große und positive Besucherresonanz, dass man die Schau als ,Wanderausstellung' auch anderen Museen anbot. So entschied sich auch das Rheinische Landesmuseum Trier dazu, die Ausstellung seinen Besuchern zu zeigen [Abb. 1].

Mehr als 2 000 Exponate, Objekte zum Anfassen, Medienstationen, Filme sowie ein zusätzlicher, für Kinder konzipierter Erzählstrang machten die Schau zum interessanten Ereignis für jedermann. Die Ausstellung wurde in Trier auf einer Fläche von ca. 700 m² gezeigt.

Der Dreißigjährige Krieg

Dieses dunkle Kapitel europäischer Geschichte dauerte von 1618 bis 1648. Was als Religionskrieg zwischen der Katholischen Liga und der Protestantischen Union begann, weitete sich schnell zu einem Krieg um die Vormachtstellung in ganz Europa aus. Die Kontrahenten waren die habsburgischen Mächte Österreich und Spanien sowie die Fürstentümer des Heiligen Römischen Reiches Deutscher Nation und Italien als Verbündeten. Ihnen gegenüber standen Frankreich mit Dänemark, Schweden und den Niederlanden als wechselnden Alliierten. Erst 1648 markierte der Westfälische Frieden das Ende des Dreißigjährigen Krieges und schrieb die Gleichberechtigung von protestantischen und katholischen Konfessionen fest. Die schwedische Großmachtstellung wurde damit ebenfalls festgelegt. Insgesamt haben in dieser Zeit 33 große Feldschlachten das Leben vieler Soldaten gefordert – Krieg, Pest, Krankheiten und Hungersnöte dezimierten die Bevölkerung in manchen Gebieten um bis zu 70 %.

Das Leben der Bevölkerung

Die äußerst schwierigen Lebensumstände der Bevölkerung während des Dreißigjährigen Krieges konnten von Anthropologen am Knochenmaterial der Toten untersucht werden. Hier waren bereits Kinder als der schwächste Teil der Bevölkerung stark betroffen: Skorbut oder Rachitis lassen sich als Folgen von Mangelernährung am Knochen ablesen. Infektionskrankheiten, mangelnde Hygiene und körperlicher Stress führten zu Veränderungen an Knochen und Zähnen. Die Unkenntnis von Krankheitsübertragungen wie der Syphilis trug ihren Anteil am Sterben der Bevölkerung bei. Zudem traten Hungersnöte durch Missernten und Plünderungen riesiger Armeen in verschiedenen Gebieten auf.

Schatzfunde aus unsicheren Zeiten

Im Dreißigjährigen Krieg wurden ca. 1500 Städte, 18000 Dörfer und 2000 Schlösser zerstört. Aus dieser Zeit stammt eine Reihe von Schatzfunden aus Geld und Wertgegenständen, die man aus Angst vor Raub und Überfällen versteckt hatte, in der – oft vergeblichen – Hoffnung, sie in besseren Zeiten wieder zu bergen [Abb. 2a].

Rekrutierung von Soldaten

Im Dreißigjährigen Krieg gab es noch keine stehenden Heere. Vielmehr rekrutierten Söldnerunternehmer Männer für den Kriegsdienst. Zunächst war der Zustrom groß, schien es doch für viele aus Abenteuerlust oder Aussicht auf Beute ein lohnendes Geschäft. Zudem trieb die Not manche in den Kriegsdienst. Die Heere wurden zum Auffangbecken für soziale Unterschichten in ganz Europa. Bei der Musterung galten zwar Regeln, die aber schnell aus Profitgier außer Acht gelassen wurden, und so gelangten auch körperlich oder geistig Versehrte und Kinder in die Armeen. Zwangsrekrutierungen waren ebenfalls kein

2
a *Etliche Münzhorte, die teilweise einen Wert von mehr als zwei Jahresgehältern aufweisen, aber auch Schmuckdepots und Gold-schätze sind deutliche Indika-toren unsicherer Zeiten.*
b *Die Rekrutierung von Soldaten war für Söldnerunter-nehmer ein lukratives Geschäft. So verwundert es nicht, dass bei der Anwerbung der 'Männer' viele Tauglichkeitskriterien außer Acht gelassen wurden.*

Einzelfall. Aus Gefallenenlisten geht hervor, dass ein einfacher Soldat seine Musterung im Durchschnitt um drei Jahre und vier Monate über-lebte [**Abb. 2b**].

Bewaffnung und Ausrüstung

Die Armeen bestanden aus drei Truppenteilen: der Infanterie, der Kavallerie und der Artillerie, ausgestattet mit schweren Geschützen. Der Kriegsherr stellte gegen Bezahlung nur Waffen und Rüstung. Die größte Einheit bildete die Infanterie, da die wenigsten sich Feuerwaf-fen, Pferde und teure Ausrüstung leisten konnten. Für seine Kleidung musste der Soldat selbst sorgen. Zur Unterscheidung von Freund und Feind trug man farbige Bänder oder grüne Zweige, rief eine vereinbarte Losung und besaß als Orientierungsmittel Fahnen.

Für die Infanterie ganz entscheidend waren die Pikeniere, die Lang-spieße zur Feindabwehr trugen. Ihre Schutzausrüstung – Bresthar-nisch und Helm – war Massenware, entsprechend wenig schusssicher. Deshalb war das Dasein als Pikenier recht unattraktiv, die Abwande-rungen groß [**Abb. 3**].

Berufsalltag und Lagerleben

Söldner führten im Dreißigjährigen Krieg ein unbeständiges Leben. Lange Märsche, kleine Scharmützel oder große Schlachten wechselten mit langen Belagerungen. So sind für den Söldner Peter Hagendorf, dessen Kriegstagebuch erhalten ist, bis zu 25 000 km Fußmarsch von Norditalien bis zur Ostsee, von Nordfrankreich bis nach Pommern belegt. Die durchschnittliche Marschstrecke lag bei 5-10 km pro Tag. Waffen und persönliche Habseligkeiten wurden selbst getragen, wenn man nicht über ein Pferd oder einen Trossjungen verfügte. Ein riesiger Tross begleitete die Heere. Handwerker, Wagenführer, Köche, Marke-tender, Feldscher und Familien der Soldaten gehörten ihm an. Doch auch Prostituierte, Invaliden, Witwen und Waisen zogen mit.

Das Leben in den Lagern war entbehrungsreich und elend. Man war nicht nur jeder Witterung ausgesetzt, sondern lebte auch unter katastrophalen Hygienebedingungen. Die medizinische Versorgung war schlecht und unzureichend [Abb. 4]. Nahrung war entweder üppig vorhanden, auch durch die gewissermaßen legitimen Plünderungen der Landstriche und Bevölkerung, oder man hungerte. In den Armeen starben jährlich ca. 30 % der Soldaten, in Phasen von Seuchen und Krieg waren es sogar bis zu zwei Drittel.

3
Pikeniere trugen beim Kampf eine bis zu 5,5 m lange Pike, eine Stangenwaffe. Nur unzureichend waren sie mit einem Brustharnisch und einem Helm geschützt. Im Nahkampf standen ihnen Degen und Dolch zur Verfügung.

Die Schlacht bei Wittstock

Am 4. Oktober 1636 kam es zwischen der schwedischen Armee mit ca. 20 000 Soldaten unter Feldmarschall Johan Banér und dem kaiserlich-sächsischen Heer mit etwas über 22 000 Soldaten unter Generalfeldmarschall Graf Melchior von Hatzfeld und Kurfürst Johann Georg I. von Sachsen zu einer großen Schlacht bei Wittstock. Eine ungewöhnliche Umgehungstaktik bescherte den Schweden schließlich den Sieg. Sie machten reiche Beute, plünderten das Schlachtfeld und töteten zahlreiche, schon auf der Flucht befindliche Gegner.

Banér gab kurz nach dem Kampf den Befehl, das Schlachtfeld aufzuräumen und Massengräber anzulegen. Die Toten wurden dreifach übereinander in Rückenlage bestattet, Freund und Feind sind heute nicht mehr zu unterscheiden. Bei der Entdeckung eines dieser Gräber wurde durch einen Bagger knapp ein Drittel zerstört. 125 Tote wurden gezählt, 88 Skelette blieben komplett erhalten und konnten untersucht werden.

4
Die medizinische Betreuung der auf dem Schlachtfeld verwundeten Soldaten war völlig unzureichend. So hatte es in der Medizin im Dreißigjährigen Krieg einen ungeheuren Rückschritt gegeben. Feldscher nahmen als ‚Handwerksärzte' die erste Hilfe bei der Wundbehandlung und chirurgische Eingriffe vor; ihre Ausbildung und Ausstattung waren ungenügend.

Trier und der Dreißigjährige Krieg

Auch in Trier gab es Ereignisse, die in den Verlauf des Dreißigjährigen Krieges hineinspielten. Der Trierer Kurfürst und Erzbischof Philipp Christoph von Sötern war gerade dabei, sich unbeliebt zu machen: Seine Steuerpolitik griff in die Eigenständigkeit der Klöster und Landstände ein. So kam es im Jahr 1630 zur Besetzung der Stadt durch spanische Truppen.

5

Verhaftung des Trierer Kurfürsten Philipp Christoph von Sötern 1635. Zeitgenössisches Flugblatt.

Trier, Stadtmuseum Simeonstift Trier, Inv.-Nr. V 1889.

Als die protestantischen Schweden sein Erzbistum bedrohten, suchte von Sötern das Bündnis mit Frankreich und wollte die Spanier vertreiben. Frankreich erhielt 1632 das Besatzungsrecht über Trier. Dieser Bruch der Reichsverfassung machte den Kurfürsten zum Gegner von Kaiser Ferdinand II., der 1634 mit den Spaniern die Vorherrschaft im Reich erringen konnte. Von Sötern befürchtete als Verbündeter der kaiserlichen Feinde dessen Gegenschlag. Am 25. März 1635 überfielen Spanier die französische Besatzung in Trier und nahmen den Kurfürsten gefangen [**Abb. 5**]. Daraufhin trat Frankreich auf protestantischer Seite in den Krieg ein. Nach zehn Jahren wurde von Sötern – als Friedenssignal der Kaiserlichen Liga an ihre Gegner – wieder freigelassen.

Literatur

1636 - ihre letzte Schlacht. Leben im Dreißigjährigen Krieg. Hrsg. von S. Eickhoff/F. Schopper (Stuttgart 2012). – S. Eickhoff, 1636 - ihre letzte Schlacht. Grundgedanken zur Ausstellungskonzeption. Museumskunde 77, 2012, H. 1, 46-51. – Peter Hagendorf. Tagebuch eines Söldners aus dem Dreißigjährigen Krieg. Hrsg. von J. Peters (Göttingen 2012).

Abbildungsnachweis

Abb. 1-4 Th. Zühmer, RLM Trier.

Abb. 5 Stadtmuseum Simeonstift Trier.

Trier – Zentrum der Antike: Werben für das römische Trier
Anne Kurtze

Natürlich ist Trier römisch, was denn sonst? Werben für das römische Trier – muss das überhaupt sein? Die Antwort lautet: Ja, es muss sein. Was für viele Trierer und Geschichtsinteressierte selbstverständlich ist, kann man eben nicht für jedermann voraussetzen: Dass Trier mehr Antike zu bieten hat als alle sonstigen Orte nördlich der Alpen, die sich als „Römerstädte" verstehen, ist noch viel zu unbekannt. Professionelles Kulturmarketing ist der Ansatz, wenn es darum gehen soll, mehr Gäste für das römische Trier zu begeistern.

Tourismus als Chance für das römische Erbe von Trier

Trier ist im Bundesland Rheinland-Pfalz eine der besucherstärksten Städte. Sieben Römerbauten wurden 1986 zusammen mit dem Dom und der Liebfrauenkirche in die Liste des UNESCO-Weltkulturerbes aufgenommen und dürfen damit 2016 das Jubiläum „30 Jahre Welterbe" begehen: Die Porta Nigra (das Stadttor aus dem 2. Jahrhundert n. Chr.), das Amphitheater (Stätte der antiken Gladiatorenspiele), die Barbarathermen (zur Zeit ihrer Errichtung die größte Thermenanlage außerhalb Roms) sowie die beiden spätrömischen Anlagen, die im Zuge des Aufbaus der Kaiserresidenz im 4. Jahrhundert n. Chr. durch ein kaiserliches Bauprogramm errichtet wurden – Kaiserthermen und Palastaula. Etwas außerhalb des heutigen Stadtkerns befindet sich die Trierer Römerbrücke, über deren Pfeiler aus dem 2. Jahrhundert auch heute noch der Verkehr über die Mosel geleitet wird. Im nahegelegenen Ort Igel steht die sogenannte Igeler Säule, ein beeindruckendes, 23 m hohes, antikes Grabmonument. Über die erwähnten UNESCO-Welterbestätten hinaus ist in Trier heute noch ein konserviertes Grabungsareal, die Thermen am Viehmarkt, zu besichtigen.

In römischer Zeit war Trier von großer politischer und strategischer Bedeutung. Gegründet im Jahre 17 v. Chr. und damit älteste Stadt Deutschlands, wurde Trier bald zu einer der größten Metropolen im Nordwesten des Römischen Reiches. In der Spätantike, nachdem das römische Imperium in mehrere Herrschaftsgebiete geteilt worden war, wurde Trier sogar Hauptstadt des westlichen Reichsgebietes. Hier residierten römische Kaiser – der bekannteste von ihnen ist sicherlich Konstantin d. Gr. – und von hier aus wurde ein Gebiet verwaltet, das von Britannien bis nach Portugal und Nordafrika reichte.

Ein entscheidender Ort zum Verständnis der römischen Geschichte ist das Rheinische Landesmuseum Trier, unter dessen Dach die Landesarchäologie, Außenstelle Trier alle Ausgrabungen in der Stadt und im Umland leitet. Im Landesmuseum befinden sich alle archäologischen Zeugnisse und Funde der Römerstadt Trier. Die im Jahr 2007 als Dachverband für die historischen Denkmäler, das museale Landeserbe, die Denkmalpflege und Archäologie gegründete Generaldirektion Kulturelles Erbe Rheinland-Pfalz (GDKE) umfasst neben Kultureinrichtungen wie den drei rheinland-pfälzischen Landesmuseen Trier, Mainz und Koblenz zahlreiche historische Liegenschaften, Schlösser und Burgen. In Trier gehören Landesmuseum, Porta Nigra, Amphitheater, Kaiserthermen, Barbarathermen sowie die Thermen am Viehmarkt zur Generaldirektion Kulturelles Erbe. Damit stehen die meisten römischen Sehenswürdigkeiten der Stadt unter derselben Verwaltung.

Keine andere Stadt in Mitteleuropa verfügt über so zahlreiche authentische Orte der Römerzeit. Dies macht Trier zu einer Art großem Römer-Freilichtmuseum mit hohem Shopping- und Genussfaktor – also zu einem wahren Eldorado für Kultur- und Städtetouristen. Allein zwischen 3,5 und 5 Millionen touristische Tagesgäste zählt Trier jedes Jahr. Hinter diesen Zahlen stehen damit auch nicht zu unterschätzende wirtschaftliche Interessen und Erwartungen – Gastronomie, Hotellerie und Einzelhandel leben nicht nur mit den Touristen, sondern auch von ihnen. 44 % der Gäste in Trier bezeichnen ihre Reise als Städtereise, 39 % als Kulturreise. 72 % der Gäste gaben an, dass die römischen Gebäude die Hauptattraktion der Stadt sind. Wir dürfen also davon ausgehen, dass die Geschichte der Stadt und ihre römischen Sehenswürdigkeiten Hauptgründe sind, Trier zu besuchen. Ob gewollt oder nicht – das römische Erbe von Trier ist damit ein Wirtschaftsfaktor. Auch das Landesmuseum und die Römerbauten sind auf die Einnahmen der zahlenden Gäste angewiesen. Außerdem zählt es zum Bildungsauftrag des Museums und der Generaldirektion Kulturelles Erbe, möglichst vielen Menschen die römische Geschichte der Stadt zu vermitteln. Quantitatives Ziel ist es also, für Landesmuseum und Römerbauten eine höhere Besucherzahl zu erreichen.

Kulturinstitutionen, Touristiker und die Schnittstelle Kulturmarketing

Natürlich ist dies eine Aufgabe, die auch das touristische Stadtmarketing, die Trier Tourismus und Marketing GmbH (ttm), beschäftigt. Die ttm informiert Touristen vor Ort über Sehenswürdigkeiten, Übernachtungsmöglichkeiten, Gastronomie und Einkaufsmöglichkeiten. Neben den Sehenswürdigkeiten profitieren somit Gastronomie, Hotellerie sowie Einzelhandel und damit auch Wirtschaft und Stadt von der Arbeit der ttm. Diese wirtschaftlichen Interessen spiegeln sich in den Themen des touristischen Marketings. Schwerpunkte für die Angebotspalette der ttm sind somit neben der Kultur auch Shopping und Wellness, Wein und Kulinarik, Wandern und Radwandern, Wasser- und Flusstourismus, Natur und Erholung. Auch wenn Trier als Römerstadt gelten mag, können sich die Touristiker nicht als Werber oder Dienstleister des römischen Erbes verstehen, was aus der Sicht der Liegenschaftsträger natürlich schade, aber aus der Perspektive der Touristiker verständlich ist.

So ist zu unterscheiden, welche Interessen und Aufgaben das Stadtmarketing in der Tourismusförderung vertritt, und welche der Liegenschaftsträger, in diesem Falle die GDKE. Grundsätzlich ist es im Interesse öffentlicher Träger, auf ihre touristisch relevanten Baudenkmäler und Museen aufmerksam zu machen. Neben Bildungsauftrag und Vermittlungswillen stehen dabei oftmals noch ein Legitimationsdruck sowie die Notwendigkeit, Einnahmen zu generieren. Die qualitativen Ziele von Stadtmarketing und Kulturbehörde sind – verkürzt dargestellt – dieselben: Bekanntheits- und Besuchersteigerung von Stadt, Region und Sehenswürdigkeit, positives Image und Besucherzufriedenheit. Bei den quantitativen Zielen ist das Stadtmarketing jedoch den Zielen der Wirtschaftsförderung verschrieben, das Kulturmarketing der Steigerung der Besucherzahlen und damit der Einnahmen für ein bestimmtes Museum oder Denkmal. In der Konsequenz werben die Touristiker zwar mit historischen Monumenten und einem historischen Stadtkern, sie werben aber nicht automatisch *für* sie. Während es bei den Liegenschaftsverwaltungen und Museen konkret um zahlende Besucher geht, ist das Stadtmarketing bereits mit dem Besuch der Stadt zufrieden. Mittels Tourismusstrategien werden Denkmäler vielleicht bekannt, aber nicht zwangsläufig gut besucht. Die Kulturakteure müssen somit selbst aktiv werden, wenn sie die Attraktivität der historischen Denkmäler erhöhen wollen.

Genauso wie eine Stadt ein Stadt- und Tourismusmarketing besitzt, benötigen die Kulturinstitutionen ein Marketing, das sich auch mit den städtischen Tourismusaktivitäten auseinandersetzt. Denn nur, wenn auf diesem Gebiet kooperiert wird, werden auch die Interessen aller Träger beachtet. Das Stadtmarketing stellt meist den ersten Ansprechpartner für auswärtige Besucher dar, ist mit Gastronomie und Hotellerie vernetzt, kennt die Bedürfnisse der Gäste und besitzt Erfahrung in der Destinationsbewerbung sowie langjährige Kontakte zu Reiseveranstaltern. Insofern dürfte kein Anlass bestehen, in Konkurrenz mit diesem Dienstleister treten zu wollen. Ein gutes Kulturmarketing in den Liegenschaftsverwaltungen, den Fachbehörden oder den Museen muss deshalb den Kontakt mit den Touristikern vor Ort etablieren und stärken. Im Gegenzug hat auch das Stadtmarketing Interesse an einer engeren Zusammenarbeit, da historische Bauwerke imagebildend für eine Stadt und natürlich ein wichtiger Reiseanlass sind. Werden diese besser beworben und durch zusätzliche, in Zusammenarbeit mit den Kulturinstitutionen entwickelten Angebote zu historischen Themen ergänzt, kann die Attraktivität eines Reiseziels im zunehmend anspruchsvollen und umkämpften Markt des Kulturtourismus gesteigert werden.

Trier – Zentrum der Antike: Von der Idee zum Konzept

Mit der Etablierung der Generaldirektion Kulturelles Erbe Rheinland-Pfalz stehen heute die meisten römischen Sehenswürdigkeiten der Stadt inklusive des Rheinischen Landesmuseums Trier unter derselben Verwaltung. Damit bietet sich die einzigartige Chance, die wichtigsten Orte in Trier zum Thema römische Geschichte – Landesmuseum und Römerbauten – gemeinsam zu bewerben und aufzuwerten. Der Slogan war bereits im Jahr 2010 gefunden: Trier – Zentrum der Antike. Ziel dieser Marke ist es einerseits, unter diesem Titel die römische Stadt als Reisedestination zu etablieren, andererseits die bereits angereisten Gäste im Stadtbild auf die römischen Sehenswürdigkeiten hinzuweisen und inhaltlich zu begleiten. Die Strategie zum Erreichen dieser Ziele wurde mit Hilfe eines umfassenden Konzeptes seit den Jahren 2010/2011 in einem anhaltenden Prozess ermittelt und aufgestellt. Die Federführung dieses von der Generaldirektion initiierten Projektes liegt im Rheinischen Landesmuseum Trier. Von Anfang an wurde eine enge Kooperation mit dem touristischen Stadtmarketing Trier gesucht. Das kontinuierliche Miteinander von GDKE und ttm hat in der Konsequenz zu einer vorbildhaften Win-Win-Situation geführt, die in dieser Konstellation keinesfalls selbstverständlich ist.

Als Grundlage der Zusammenarbeit wurde in einem ersten Schritt gemeinsam mit dem Stadtmarketing Trier eine umfangreiche Analyse aller Stärken und Schwächen für jedes römische Baudenkmal, das Museum sowie die ttm erstellt. Zu den Vorzügen der Römerbauten und des Landesmuseums gehören zweifellos der UNESCO-Status der antiken Monumente und die herausragende Sammlung des Museums, darüber hinaus das überzeugende Profil unter dem großen gemeinsamen und identitätsstiftenden Thema „Römerstadt". Allerdings ergab die Bestandsaufnahme auch eine umfangreiche To-Do-Liste für die Verantwortlichen der Römerbauten. So wurden beispielsweise Schwächen in der Besucherfreundlichkeit und im Vermittlungs- und Veranstaltungsangebot festgestellt. Natürlich mag das zunächst banal klingen, aber diese Analysen sind die Voraussetzung, um effektiv und mit den richtigen Mitteln ansetzen zu können. Neben Zwischenzielen wurden Maßnahmenpläne festgeschrieben, verbunden mit verschiedenen Prioritäten. Ein wunder Punkt war dabei, dass sich die Römerbauten

1
Info-Stelen vor den Trierer Kaiserthermen mit Werbung für „Trier – Zentrum der Antike".

in Trier oft nicht besucherfreundlich zeigten. Unattraktive Eingänge, wenig Erklärungen im Inneren und kaum Angebote etwa an Führungen oder für Familien bildeten die Ausgangslage. Zudem war an den Römerbauten die thematische Verbindung zum Landesmuseum nicht erkennbar. Auch wurde den Gästen nicht klar, warum sie mehr als eines der römischen Monumente besuchen sollten.

Umsetzungen und Ergebnisse

Als Ziel im Prozess zu einem „Zentrum der Antike" wurde neben den Ansprüchen einer zunehmenden Besucherorientierung (deren Notwendigkeit auch aus den vorgenannten Schwächen ablesbar wurde) klar formuliert, dass Römerbauten und Landesmuseum zukünftig als Einheit erkennbar sein sollten – eben als das „Zentrum der Antike". Laut den Ausgangsanalysen war jedoch keine überzeugende Wegeleitung im Stadtbild zwischen den einzelnen Monumenten vorhanden. Mittlerweile sind vor allen Römerbauten des Zentrums der Antike – ausgenommen sind derzeit noch die Thermen am Viehmarkt – Info-Stelen installiert [Abb. 1]. Sie geben Auskunft zum Bauwerk selbst und zeigen durch einen Stadtplan, wie nahe die nächste römische Sehenswürdigkeit liegt und wie sie zu erreichen ist. Verbunden wurden diese Stelen sowie alle weiteren Maßnahmen des Marketings durch ein dafür entwickeltes einheitliches Gestaltungsbild und ein Logo, das die Wiedererkennbarkeit der einzelnen Elemente des Zentrums der Antike gewährleistet. Einen wichtigen Baustein zur touristischen Akzeptanz des Zentrums der Antike bildet ein günstiges Kombiticket, die AntikenCard Trier. Diese soll einen Anreiz bieten, mehr als ein römisches Monument oder mehr als das Museum zu besuchen. Die AntikenCard wird auch von der ttm in der Tourist-Information verkauft. In dem Ensemble der römischen Stadt bildet das Landesmuseum nicht nur eine Sehenswürdigkeit unter vielen: Das Museum ist der zentrale Ort zum Kennenlernen der Stadtgeschichte. Seine qualitätvollen und überregional beachteten Sonderausstellungen bieten regelmäßig Anlass, die Aufmerksamkeit wieder von Neuem auf Trier und sein römisches Erbe zu ziehen. Mit diesen für Reiseveranstalter und interessierte Einzelreisende langfristig angekündigten Ausstellungen gehört das Landesmuseum zum Aushängeschild der Destination Trier auf dem Feld des touristischen Marketings.

Als weiteres Ziel, erwachsen aus den Ergebnissen der Ausgangsanalyse, wurde eine zunehmende Besucherorientierung angestrebt, und so konnten seit 2011 viele entsprechende Angebote in den römischen Liegenschaften entwickelt werden. Dank einer Förderung durch den Europäischen Fonds für Regionale Entwicklung (EFRE) ließen sich sukzessive Besucherangebote umsetzen. So haben beispielsweise Porta Nigra und Kaiserthermen neue Ausstellungsbereiche erhalten, es sind Multimedia-Guides erhältlich, die Porta Nigra verfügt über eine neue Medieninstallation und die Barbarathermen sind über einen neuen Besuchersteg begehbar. Alle römischen Liegenschaften wurden mit einem klaren inhaltlichen Profil versehen, um deutlich zu machen, dass sie sehr verschiedene Aspekte der römischen Geschichte zeigen. Die Informationstexte an und in den Liegenschaften sind, am touristischen Profil der Stadt orientiert, konsequent viersprachig gehalten: Deutsch, Englisch, Niederländisch und Französisch.

Nicht zuletzt steht hinter dem Projekt „Zentrum der Antike" der Wunsch, mehr Besucher in das römische Trier zu locken und die Bekanntheit dieser Destination und ihrer Sehenswürdigkeiten zu steigern. Hier kamen klassische Maßnahmen des Marketings zum Einsatz. Ein besonderer Fokus der kulturtouristischen Vermarktung liegt selbstverständlich darauf, potenzielle Gäste für das Reiseziel der Römerstadt Trier zu interessieren. Hierzu dienen touristische Werbebroschüren in mehreren Sprachen, Anzeigen in Fach- und Reisemagazinen und nicht zuletzt eine neue, umfangreiche Website in deutscher und englischer Sprache (www.zentrum-der-antike.de). Das Thema „Trier – Zentrum der Antike" wird zudem auf Reisemessen präsentiert, vertreten durch die Generaldirektion Kulturelles Erbe Rheinland-Pfalz und das Stadtmarketing Trier. Infolge der engen Zusammenarbeit konnte das touristische Stadtmarketing der ttm grundsätzlich stärker für das Thema „Trier – Zentrum der Antike" sensibilisiert werden. So wurden von Seiten der Touristiker neue Reisepauschalen und Führungsangebote entwickelt. Auch die Stadtführerinnen und Stadtführer sowie die Mitarbeiterinnen und Mitarbeiter der ttm wurden als wichtige Multiplikatorengruppe involviert, sodass nun auch von dieser Seite umfassend über das „Zentrum der Antike" informiert werden kann. Zugleich konnte verstärkt Augenmerk auf den Kontakt mit der Hotellerie gelegt werden. Diese Betriebe werden regelmäßig mit Infomaterialien

2
Werbeprodukte für
„Trier – Zentrum der Antike".

versorgt oder gemeinsam mit der ttm ins Rheinische Landesmuseum eingeladen. Eigene Produkte für Gastronomie und Hotellerie wurden entwickelt, wie ausmalbare Tischsets für Kinder oder Postkarten und ein spezieller Wein zum „Zentrum der Antike" [Abb. 2]. So sollen Hotel- und Restaurantgäste auf die Attraktionen des römischen Trier hingewiesen werden, die sich bereits in der Stadt oder ihrer Umgebung aufhalten.

Ausblick

„Trier – Zentrum der Antike" wird bei allen Projekten und Maßnahmen, die noch in der Zukunft liegen, den einheimischen sowie auswärtigen Gästen etwas bieten können. Der Reiz besteht hier nicht nur im Neuen, denn die Aufgaben unserer Kulturinstitutionen liegen zu großen Teilen im Erhalten und im Vermitteln des Bewahrten. Für ein erfolgreiches kulturtouristisches Marketing muss es jedoch immer wieder Gründe geben, Trier zu besuchen und über Trier zu berichten. Und so werden auch aktuelle Anlässe in das Marketing integriert. Zurzeit ist dies beispielsweise bei der sehr erfolgreichen Vermarktung der großen Ausstellung „Nero – Kaiser, Künstler und Tyrann" zu beobachten. Logo und Slogan von „Trier – Zentrum der Antike" sind auf jedem Ausstellungsplakat zu sehen [Abb. 3], das Thema wird in allen Werbebroschüren transportiert. Umgekehrt werben auch die römischen Liegenschaften in der entsprechenden Laufzeit für die große Ausstellung und verkaufen das Kombiticket „AntikenCard Nero". Die Gäste, die Trier anlässlich der Ausstellung besuchen, interessieren sich für das römische Trier und sollen natürlich auch die römischen Bauwerke anschauen. Gleichzeitig profitiert das „Zentrum der Antike" von solch überregional ausstrahlenden Kulturevents wie der Nero-Ausstellung

3
Plakat zur Ausstellung „Nero –
Kaiser, Künstler und Tyrann",
rechts oben mit dem Signet
„Trier – Zentrum der Antike".

4
Plakatwand zu
„30 Jahre Welterbe".

nachhaltig und gewinnt an Popularität und Bekanntheit. Und bereits im Herbst 2016 können die römischen Bauwerke das 30-jährige Jubiläum des UNESCO-Welterbetitels begehen, was wiederum einen willkommenen Anreiz zu Berichterstattungen und Veranstaltungen geben wird [Abb. 4]. So dürfte es immer wieder Anlässe geben, damit „Trier – Zentrum der Antike" überregional von sich reden macht.

Literatur
Endbericht Gästebefragung Trier (2011/12). Persönliche Befragung in Trier. Tourist-Information Trier/T.I.P. Biehl & Partner (Trier 2012). – A. Kurtze, Kulturmarketing als Schnittstelle zwischen Denkmalpflege und Tourismus. Die touristische Marke Trier – Zentrum der Antike. In: In guter Gesellschaft? Die Rolle der Denkmalpflege in Stadtmarketing und Tourismus. Konferenzband zur Fachtagung des Amtes für Kultur und Denkmalschutz der Landeshauptstadt Dresden, 4. bis 6. März 2015 (Dresden 2015) 42-49. – A. Kurtze, Trier – Zentrum der Antike. Werben für das römische Erbe in Trier. In: Touristische Vermarktung der Geschichte. Hrsg. von M. Reznik/K. Rosenbaum (Berlin 2014) 123-136. – H.-H. Schild, Das Ausstellungsprojekt „Konstantin der Große". Lokale Museumskooperation mit überregionalen touristischen Aspekten. In: Museen und Tourismus. Wie man Tourismusmarketing wirkungsvoll in die Museumsarbeit integriert. Hrsg. von H. John u. a. (Bielefeld 2010) 167-180.

Sanierung und Modernisierung der Verwaltungsbereiche des Rheinischen Landesmuseums Trier 2013-2015

Peter Seewaldt

1
Trier, Rheinisches Landesmuseum. Gesamtansicht aus der Vogel-perspektive von Osten, 2007.

Der mächtige Baukomplex des Rheinischen Landesmuseums Trier ist seit 1885 in verschiedenen Epochen etappenweise entstanden [Abb. 1]. 1889 wurde das schlossähnliche Gebäude des „Provinzialmuseums" an der Ostallee (seit 1990 Weimarer Allee) eröffnet. Bereits 1904-1907 wurde der Bau der Gründerzeit durch ebenerdige Hallen und Pavillons im Jugendstil zu einer geschlossenen Vierflügelanlage erweitert. 1925-1926 überbaute und erweiterte man den südlichen Trakt einschließlich Teilunterkellerung zur Aufnahme von Büros, Bibliothek und Vortragssaal in Formen der Neuen Sachlichkeit. In der Zeit des National-sozialismus wurde ein Umbau des Kurfürstlichen Palastes zu einem Großmuseum für die Kunstbestände der Stadt und des Landes geplant und vorangetrieben, um insbesondere dem Bedarf beider Museen an Magazinen und Ausstellungsräumen gerecht zu werden. Das Projekt wurde nach dem Zweiten Weltkrieg nicht zu Ende geführt. Stattdessen wurde im Fall des Landesmuseums ein vergrößernder Wiederaufbau der in weiten Teilen zerstörten Liegenschaft an der Ostallee realisiert. Der südliche und westliche Flügel wurden aufgestockt und auf Höhe der neuen Etagen miteinander verbunden. Der Nordtrakt wurde mit größerem Volumen und Vollunterkellerung komplett neu errichtet und durch Treppenhaus und Aufzüge an Hauptgebäude und Westflügel angeschlossen. 1982-1986 führten Erweiterungsbauten im Norden und Westen zu einer annähernden Verdoppelung der Ausstellungsfläche des Museums. Zudem nahm die große nördliche Erweiterung Werkstätten und – in zwei Tiefgeschossen – Depots für Sammlungsobjekte auf. 2006/07 schufen umfassende Sanierungsmaßnahmen und ein neues Raumkonzept dann die Voraussetzung für größere Sonderausstellungen und eine zeitgemäße Dauerausstellung, die nach

der großen Landesausstellung „Konstantin der Große" 2007 in zwei
Ertappen bis 2012 realisiert werden konnte. 2013-2015 folgte nach
mehrfachen Verschiebungen endlich die hier beschriebene Sanierung
und Modernisierung der Verwaltung. 2017 findet die Instandsetzung
des Museumskomplexes mit der Fassadensanierung des Hauptgebäudes ihren Abschluss.

Seit 2008 gehört das Landesmuseum der Generaldirektion Kulturelles Erbe Rheinland-Pfalz an. Der Umbau der Verwaltung sollte einmal
mehr zusätzliche Büros und sonstige Funktionsräume schaffen, um
gewachsenen Anforderungen des Dienstbetriebes gerecht zu werden.
Zur Optimierung der Raumverhältnisse wurde der bisher bereits der
Verwaltung dienende Südflügel der historischen Kernanlage des Museums über das angegliederte Obergeschoss des Westflügels hinaus (so-
genannter „Rundbau") mit dem bislang als Depot genutzten Dachgeschoss des Nordflügels zu einer größeren Einheit verbunden. Weitere
Flächen rekrutierte man durch die Verlagerungen von Münzmagazin
und Hausmeisterei in andere Bereiche, durch die Unterbringung eines
Großteiles des Bücherbestandes der Bibliothek in zwei Rollregalanlagen und nicht zuletzt durch die Umgestaltung der Erdgeschosshalle
des Nordflügels zu einem multifunktionalen Veranstaltungsraum als
Ersatz für den bisherigen Vortragssaal (nun Lesesaal der Bibliothek;
siehe den Beitrag von Jürgen Merten in diesem Heft). Auf diese Weise
wurde eine vollständige Neugliederung des Innern nach Organisations-
einheiten möglich.

Das Projekt wurde nach Vorgaben der barrierefreien Erschließung
sowie der Richtlinie „Energieeffizientes Bauen und Sanieren" unter
Berücksichtigung von Auflagen der Denkmalpflege durch den Landesbetrieb Liegenschafts- und Baubetreuung (LBB) Niederlassung Trier ausgeführt. Bestandteile der Maßnahme waren unter anderem der Einbau
eines alle Ebenen erschließenden Hauptaufzuges und eines Neben-
treppenhauses im Südtrakt. Hinzu kamen neue Sanitäranlagen und
moderne technische Installationen in den Sparten Wasser/Abwasser,
Heizung, Lüftung, Beleuchtung und EDV im gesamten Sanierungsbe-
reich.

Angesichts der heterogenen Bausubstanz der 1920er und 1950er
Jahre stellte die Maßnahme für Planer, Techniker und Handwerker
eine besondere Herausforderung dar. So mussten unvorhergesehen
unter anderem der Dachstuhl des Westflügels und das Haupttreppenhaus vollständig erneuert und die Decken von Lesesaal und Ausstel-
lungsraum im Südflügel zur statischen Ertüchtigung mit zusätzlichen
Eisenträgern unterfangen werden. Dies hatte die Räumung von Aus-
stellungsmobiliar und Exponaten der Dauerausstellung mit zeitwei-
liger Umleitung des Besucherverkehrs zur Folge. Von Einschränkungen
während des Umbaus waren auch die Belegschaften von Museumsver-
waltung und Landesarchäologie betroffen, die von März 2013 bis September 2015 in ein provisorisches Quartier im Bereich des ehemaligen
Postgebäudes am Hauptbahnhof ausgelagert waren.

2
Trier, Rheinisches Landesmuseum.
Verwaltungsbau.
a *Nach dem Abriss der alten*
Außentreppe 2015.
b *Zustand 2016.*

Letztlich führte der Umbau zu der gewünschten Mehrzahl an Büros und sonstigen Funktionsräumen. Dabei bildet der Südflügel des historischen Museumskerns mit dem über eine Außentreppe erreichbaren Haupteingang weiterhin das Zentrum der Verwaltung [**Abb. 2**]. Über den neuen Hauptaufzug, einen modernisierten Nebenaufzug im ‚Rundbau' und zwei Wandlifte für Rollstuhlfahrer im Außen- und Innenbereich sind nahezu sämtliche Räume nun barrierefrei erreichbar. Im Souterrain liegen der Zugang für behinderte Menschen, Sozialraum und Umkleide des Grabungsdienstes der Landesarchäologie sowie die Elektrowerkstatt des technischen Dienstes. Das Erdgeschoss beherbergt die Pforte/Sicherheitszentrale [**Abb. 3**], Besuchergarderobe und

3
Trier, Rheinisches Landesmuseum.
Pforte und Haupttreppenhaus des
Verwaltungsbaus.
a *Umbau 2014.*
b *Zustand 2016.*

4

Trier, Rheinisches Landesmuseum.
Obergeschoss des Westflügels
(„Rundbau").
a *Nach der Auskernung, 2013.*
b *Nach dem Einbau*
des Bürotrakts, 2016.

den mit einer Empore ausgestatteten Lesesaal der Bibliothek. In der ersten Etage gelangt man entlang der mit einem Studienbereich versehenen Büchermagazine zu den Fachbereichen im Westflügel [**Abb. 4**], die sich weiter bis in das Dachgeschoss des Nordflügels erstrecken, wo neben dem Grafikatelier und dem Fotoatelier das Fotoarchiv und das Museumsarchiv untergebracht sind. Die zweite Etage des Südflügels beherbergt nunmehr die Direktion, das Sekretariat mit Poststelle, die Räume der Personal- und Finanzverwaltung, einen zugehörigen Archivraum, die Büros von Museumspädagogik und Marketing sowie den Konferenzraum und eine Teeküche [**Abb. 5**]. Das Dachgeschoss birgt die Büros der Landesarchäologie, das Dendrochronologische Forschungslabor sowie das Planarchiv und die Ortsakten der Landesarchäologie.

5

Trier, Rheinisches Landesmuseum.
2. Obergeschoss des Verwaltungs-
baus („Direktionsetage").
a *Nach der Auskernung, 2013.*
b *Nach dem Einbau*
des Bürotrakts, 2016.

Im Einzelnen umfasste die Sanierung und Modernisierung der Verwaltung die nachstehend aufgeführten Arbeiten.

Innen:

- Umfassende Abbruch- und Demontagearbeiten.
- Maurerarbeiten zur Ertüchtigung des Baugefüges.
- Vollständig neue Raumaufteilung, überwiegend in Trockenbauweise, einschließlich Putz-, Estrich-, Fliesen- und Bodenbelagsarbeiten, Anstrichen.
- Zimmer- und Holzbauarbeiten zur Dachstuhlerneuerung und Dachdeckung.

- Einbau von Aufzugsschächten und Treppenhäusern aus Beton.
- Erneuerung/Ertüchtigung sämtlicher Elektroinstallationen (Gefahrenmelde- und Alarmanlagen, allgemeine Installationen, Beleuchtung, Übertragungsnetze, Telekommunikationsanlagen, Gebäudeleittechnik, technische Einbauten etc.).
- Erneuerung sämtlicher Wasser- und Abwasseranlagen.
- Erneuerung der Wärmeversorgungsanlagen (Niedertemperaturheizanlage, Fußbodenbeheizung, im Dachgeschoss Nordflügel Heizkörper).
- Einbau einer Lüftungsanlage (Be- und Entlüftung mechanisch, mit hocheffizienter Wärmerückgewinnung und stromsparenden Ventilatoren, die thermische und lufthygienische Anforderungen erfüllen).
- Einrichtung einer Technikzentrale im Spitzboden Dachgeschoss Südflügel.
- Einbau eines Hauptaufzuges im Südflügel.
- Erneuerung des Aufzuges im Westflügel einschließlich partiellem Rückbau des vorhandenen Maschinenraumes im Bereich des Daches.
- Erneuerung sämtlicher Türanlagen.
- Neueinrichtung der Bibliothek mit Lesesaal, Empore, Büchermagazine mit Rollregalanlagen und Rara-Kabinett, Versandraum.
- Tischlerarbeiten (Einbaumöbel).

Außen:

- Naturstein- und Fugensanierung der Fassaden.
- Sanierung der Treppen am Haupteingang.
- Einbau eines Aus-/Eingangs zum neu geschaffenen Nebentreppenhaus.
- Erneuerung sämtlicher Fenster, Einbau von Dachflächenfenstern.
- Erneuerung der Großflächenfenster zum Innenhof in Nord- und Südflügel.
- Einrichtung von Sperrvorrichtungen an Parkplätzen.

Zur Koordination und Steuerung des Auszugs von Verwaltung und Bibliothek in die Ausweichliegenschaft, der Umbauplanungen und des Wiedereinzugs wurde 2012 ein Bauausschuss eingerichtet, dem neben dem Berichterstatter (Vertreter der Direktion) die Kollegen Mario Adams (Bau und Technik), Jürgen Merten (Bibliothek) und Thomas Zühmer (Fotoatelier) angehörten.

Literatur

A. Kurtze/M. Neyses-Eiden/P. Seewaldt, Großprojekt Dauerausstellung. Das neue Gesicht des Rheinischen Landesmuseums Trier. Funde und Ausgrabungen im Bezirk Trier 43, 2011, 132-141. – J. Merten, Kurze Geschichte des Rheinischen Landesmuseums Trier. In: Fundstücke. Von der Urgeschichte bis zur Neuzeit. Schriftenreihe des Rheinischen Landesmuseums Trier 36 (Trier 2009) 218-225. – P. Seewaldt, Das Rheinische Provinzialmuseum in Trier von 1889. Ein Baudenkmal im Wandel der Zeit. Funde und Ausgrabungen im Bezirk Trier 37, 2005, 73-87. – P. Seewaldt, Das Rheinische Landesmuseum in Trier. Baugeschichte seit 1885. Neues Trierisches Jahrbuch 2006, 181-192 (mit Lit.).
Pressetext des Landesbetriebs Liegenschafts- und Baubetreuung, Niederlassung Trier vom 2. 3. 2013.

Jürgen Merten

Die ‚neue‘ Bibliothek
des Rheinischen Landesmuseums Trier

Umbau und Wiedereröffnung 2015

1

Trier, Rheinisches Landesmuseum.
Lesesaal der Bibliothek.

Im Rahmen der 2013-2015 durchgeführten Baumaßnahmen, bei denen die Verwaltungsbereiche des Museums umfassend saniert und modernisiert wurden (siehe den Beitrag von Peter Seewaldt in diesem Heft), stellt die Bibliothek in räumlicher Hinsicht den größten Komplex dar. Die vom Landesbetrieb Bau und Liegenschaften (Niederlassung Trier) geplanten Umbauarbeiten führten auch zu einer grundlegenden Reorganisation der hierfür zur Verfügung stehenden Flächen, die nur noch teilweise mit den bisherigen Bibliotheksräumen identisch sind. Dadurch ergab sich die Notwendigkeit einer konzeptionellen Weiterentwicklung mit struktureller Neuausrichtung der Bibliothek und der Aufstellung ihrer Bestände [**Abb. 1**].

Bei der Errichtung des Verwaltungsbaus 1926 als südlicher Teil der Vierflügelanlage des Museums wurde im 1. Obergeschoss gegenüber den Büros des Direktors und der Wissenschaftler ein eigener nach Norden zum Innenhof hin ausgerichteter Saal für die Bibliothek eingerichtet. Das stetige Anwachsen der Buchbestände führte schrittweise zur Erweiterung der Bibliothek in die anstoßenden Räume. Beim Wiederaufbau nach dem Zweiten Weltkrieg kam der neu aufgestockte südwestliche Eckraum als Lese- und Arbeitsraum hinzu. In den 1970er Jahren wurden zunächst zwei Fensterachsen des anstoßenden, um ein halbes Geschoss erhöhten Westflügels („Rundbau“) für die sich vergrößernde Bibliothek abgeteilt. 1991 folgte nach dem Auszug des Fundmagazins die Einbeziehung der gesamten südlichen Hälfte dieses Flügels in die Bibliothek; die andere Hälfte wurde zu Büros umgebaut.

Der 2007 vorgelegte Entwurf eines neuen Raumprogramms für das Verwaltungsgebäude des Museums sah unter anderem vor, den bisherigen Vortragssaal im Erdgeschoss in den Nordflügel zu verlagern und zu einem multifunktionalen Veranstaltungsraum auszubauen. Für die weitere Raumplanung ergab sich damit die Möglichkeit, einerseits den für andere Zwecke nicht geeigneten Vortragssaal für die Bibliothek zu nutzen und andererseits die bisherigen Bibliotheksflächen im Rundbau zu einem Bürotrakt umzubauen. Die genannten Eckpunkte dieser Planung finden sich – bei vielfach anderen Detaillösungen – in den 2013-2015 durchgeführten Umbaumaßnahmen wieder.

Die Bibliothek geht zurück auf die Büchersammlungen der seit 1801 bestehenden Gesellschaft für Nützliche Forschungen, der bis zur Gründung des Museums 1877 neben anderen ‚nützlichen' Aufgaben auch die Altertumsforschung in Trier und dem Regierungsbezirk oblag. Zu ihren Sammlungen gehörte auch eine Bibliothek, deren ‚antiquarischer' Teil zusammen mit den Altertümern, Kunstwerken und Münzen dem Museum als Dauerleihgabe überlassen wurde. Heute zählt die Trierer Museumsbibliothek mit einem Bestand von über 110 000 Bänden zu den wichtigsten Büchersammlungen der Archäologie Mitteleuropas, insbesondere der Provinzialrömischen Archäologie der Nordwestprovinzen. Wesentliche Grundlage des Bestandsaufbaus ist der internationale Schriftenaustausch von Zeitschriften, Schriftenreihen, Monographien und Katalogen mit etwa 650 wissenschaftlichen Institutionen in Europa, Nordafrika und den USA. Die Bibliothek ist öffentlich zugänglich und zählt jährlich bis zu 1 000 externe Benutzer, nicht nur aus Trier und Rheinland-Pfalz, sondern auch aus den benachbarten Regionen Rheinland, Luxemburg, Saarland, Lothringen und Südbelgien.

Die ‚alte' Bibliothek war bei ihrer Schließung vor dem Auszug in das Ausweichquartier im März 2013 auf einer Fläche von ca. 450 m² in drei Räumen aufgestellt. Ein kleiner Lesesaal, mit acht Arbeitsplätzen und einem abgeteilten Raum für Bibliothekspersonal, bot einen Handapparat von etwa 3 000 Bänden mit Nachschlagewerken und wissenschaftlicher Grundlagenliteratur in einer systematischen Aufstellung auf 75 m Stellfläche. Die in etwa 50 Fachgruppen unterteilten Monographien und die Zeitschriften standen in zwei Freihandmagazinen auf ca. 2 000 m Stellfläche. Ihre Kapazität war bei Beginn der Baumaßnahmen annähernd erschöpft. Die noch freien Regale und Fachböden waren wegen Überlastung der Decken praktisch nicht mehr belegbar, was sich während der Baumaßnahmen bei statischen Untersuchungen bestätigte.

Das Ausweichquartier im Postgebäude erlaubte eine sehr benutzungsfreundliche Aufstellung der gesamten Bibliothek (einschließlich Planarchiv, Ortsakten, Fotothek und Teilen des Museumsarchivs) in einer abgeteilten Pakethalle auf ca. 600 m² Fläche. Dabei konnte die bisherige Raumgliederung – Lese-, Monographien- und Zeitschriftensaal – praktisch 1:1 unter Verwendung der bisherigen Regalsysteme beibehalten werden.

2
Trier, Rheinisches Landesmuseum.
Lesesaal.
a *Einbau der Haustechnik, der*
Tragelemente der Empore und
der Unterzüge für die statische
Sicherung der Decke.
b *Nach Einrichtung und*
Aufstellung der Handbibliothek.

Dem gegenüber zeigt die seit November 2015 wieder zugängliche Bibliothek ein ganz neues Gesicht. Das Herzstück ist der im ehemaligen Vortragssaal eingerichtete neue Lesesaal mit einer Bodenfläche von 95 m² [**Abb. 2**]. Er ist benutzerfreundlich unmittelbar im Eingangsbereich des Verwaltungsgebäudes hinter Pforte, Garderobe und Aufzug gelegen und barrierefrei erreichbar. Der ansprechende Gesamteindruck beruht auf der großzügigen Verwendung von hochwertigen Materialien: Helles Eichenholz dominiert bei den Möbeln, kombiniert mit Anthrazit bei Teppichboden und Bücherregalen sowie an Fenster- und Türrahmen. In entsprechender Weise ist das offene Büro der Bibliotheksassistentin mit einer Theke als Besucherempfang gestaltet. Drei mit EDV-Anschlüssen ausgestattete Tischinseln im Fensterbereich bieten mit jeweils vier Arbeitsplätzen ausreichend Platz für allgemeine Benutzung und Arbeiten in der Bibliothek. Die sechs markanten Pendelleuchten aus mundgeblasenem Kristallglas und Gehäuse aus Aluminiumguss im Industriedesign erscheinen passend zur Erbauungszeit des Verwaltungsgebäudes. Aus gleichem Grund werden die Besucherstühle im Stil „Alte Nikolaischule" weiterverwendet. An die ‚alte' Bibliothek erinnern aber auch die in drei neuen Karteischränken untergebrachten 180 Schubkästen neben den Arbeitsinseln mit den bis 1992 geführten Zettelkatalogen der Bibliothek. Sie werden in einem seit 2015 laufenden Retrokatalogisierungsprojekt digital erfasst, sodass die Schränke künftig großformatige Bücher aufnehmen können.

An der Stirnseite des Saales sowie in fünf Doppelregalreihen gegenüber der Fensterfront befindet sich die mit insgesamt bis 200 m Stellfläche auf mehr als das doppelte Volumen erweiterbare Handbibliothek. Der vorhandene Bestand an Nachschlagewerken und Handbüchern ist zu einem Informationsapparat ausgebaut. Er enthält grundlegende monographische Literatur zur Archäologie, Kunstgeschichte, Numismatik sowie zur Geschichtlichen Landeskunde der Rheinlande mit einem besonderen Anteil an ‚Trevirensien', darunter 25 historische und archäologische Zeitschriften und Jahrbücher. Hier finden bis zu 7000 Bücher Platz.

Eine zusätzliche erhebliche Erweiterung der Lesesaalbestände wurde durch den Einbau einer Empore mit ca. 45 m² Fläche ermöglicht,
die über das anschließende neue Nebentreppenhaus für die Benutzer
der Bibliothek leicht erreichbar ist [Abb. 3]. Hier steht ein großer Frei-
handbestand auf einer Stellfläche von 260 m zur Verfügung. Er umfasst an diesem neuen Standort die vollständigen Serien von etwa 160
Zeitschriften auf acht freistehenden Doppelregalen und 140 Schriftenreihen auf den galerieartig umlaufenden Wandregalen. Es handelt sich
dabei um den Kernbestand der am häufigsten benutzten periodischen
Schriften zur Archäologie der römischen Nordwestprovinzen, also insbesondere zur Archäologie im westlichen Deutschland, den Benelux-
Ländern, Ostfrankreichs, der Schweiz und Österreichs; dazu kommen
einschlägige Reihen der Regionalliteratur. Die Lesesaal-Empore weist
eine Kapazität von bis zu 10 000 Bänden auf.

3
Trier, Rheinisches Landesmuseum.
Lesesaal-Empore.

4
Trier, Rheinisches Landesmuseum.
Büchermagazin I.
Rollregalanlage mit Freihandzone.

5
Trier, Rheinisches Landesmuseum.
Büchermagazin II.
a *Installation der Haustechnik.*
b *Rollregalanlagen mit Studien-*
bereich und Freihandzone.

Der überwiegende Bestand der Museumsbibliothek ist im 1. Obergeschoss in zwei benachbarten Büchermagazinen auf 230 m² Fläche in vier kompakten Rollregalanlagen untergebracht, die ein Fassungsvermögen von insgesamt 2 000 m aufweisen [**Abb. 4-6**]. Beide großen Säle erhielten im Zuge der Baumaßnahmen durch den Einbau weiterer Unterzüge zusätzlich statische Sicherungen. Neben den Monographien stehen hier die übrigen Zeitschriften und Schriftenreihen sowie die Auktionskataloge und Kleinschriften. Für die allgemeine Benutzung im Lesesaal müssen die Bücher aus den Magazinen bestellt werden.

Die bauliche Situation der Büchermagazine erlaubte außerdem die Einrichtung weiterer Freihandzonen. Damit sind die unhandlichen Großformate aller Fachgruppen, die nachschlageintensiven Bestände zur Epigraphik sowie die im Ortsalphabet aufgestellten Museumsführer und Ausstellungskataloge für die interne Nutzung im Bereich der feststehenden Wand- und Standregale außerhalb der Rollregale verfügbar. Ergänzend zu den Arbeitsplätzen im öffentlich zugänglichen Lesesaal befindet sich an der nördlichen Fensterfront zum Innenhof im Büchermagazin II ein interner Studienbereich mit weiteren sieben Arbeitsplätzen und entsprechender EDV-Ausstattung.

6
Trier, Rheinisches Landesmuseum.
Büchermagazin I.
Freihandzone und
Rollregalanlage.

7
Trier, Rheinisches Landesmuseum. Rara-Kabinett.

Anstoßend an die Magazine steht mit dem „Rara-Kabinett" ein abgeschlossener Raum von 27 m² Fläche unter kontrollierten klimatischen Bedingungen für die Sonderbestände zur Verfügung [Abb. 7]. Dabei handelt es sich zunächst um die als „Rara" separierten frühen und seltenen Druckwerke, überwiegend bis zum Jahr 1850, zwei Schubladenschränke mit überformatigen Plan- und Tafelwerken sowie die 2007 übernommenen Bände der historischen Bibliothek der ehemaligen Bezirksregierung Trier. In feuersicheren Tresorschränken werden die älteren Handschriften der Bibliothek und die Inventare der Museumssammlungen sowie das Archiv der Gesellschaft für Nützliche Forschungen mit unersetzlichen handschriftlichen Aufzeichnungen aus dem 19. Jahrhundert aufbewahrt. Die gesamte Stellfläche des Rara-Kabinetts beläuft sich auf etwa 145 m.

Dem „Buchversand" dient ein an die Empore des Lesesaals anstoßender und über einen Aufzug mit der Pforte verbundener Raum für die Abwicklung des Schriftentauschs der Bibliothek und der Bestellungen an den Selbstverlag. Etwa 125 lieferbare Titel werden in der erforderlichen Anzahl auf Wandregalen mit einer Stellfläche von 42 m vorgehalten. Die noch verfügbaren größeren Auflagen der hauseigenen Schriften werden in den Museumsmagazinen gelagert. Ein neu eingerichtetes Publikationsarchiv soll einen Minimalbestand von fünf Exemplaren jeder Veröffentlichung als Reserve sicherstellen.

Organisatorisch mit der Bibliothek verbunden ist ferner das historische „Museumsarchiv", das räumlich entfernt im 2. Obergeschoss im Bereich von Foto- und Grafikatelier untergebracht ist. Hier werden Unterlagen zur Historie des Museums sowie die Sammlung von über 40 wissenschaftlichen Nachlässen früherer Museumsmitarbeiter und ehemaliger Mitglieder der Gesellschaft für Nützliche Forschungen aufbewahrt – zusammen mit den Beständen im Rara-Kabinett unverzichtbare Quellen zur Forschungsgeschichte der Trierer Archäologie.

Insgesamt verfügt die Bibliothek des Rheinischen Landesmuseums Trier nach der Sanierung des Verwaltungsgebäudes und der Neueinrichtung der Bibliotheksräume über eine Stellfläche von 2 600 m in einem großen Lesesaal mit Freihandbereich, zwei Büchermagazinen in Rollregalanlagen und dem Rara-Kabinett. Davon waren zum Zeitpunkt des Wiedereinzugs 2015 ca. 475 m noch nicht belegt. Um den weiterhin zu erwartenden Zuwachs an Büchern und Zeitschriften auch mittelfristig bewältigen zu können, stellt die Entwicklung von komplementären Maßnahmen zur optimalen Ausnutzung der Stellflächen eine besondere Herausforderung dar. Dazu gehören auch Fragen der Aussonderung, Dublettenprüfung, Verlagerung und Zugangskontrolle.

Ausgangslage der Umstrukturierung der Bibliothek und ihrer Neuaufstellung war der Umbau der Verwaltungsbereiche des Museums durch Sanierungs- und Modernisierungsmaßnahmen im Rahmen eines ‚Bauens im Bestand'. Daher waren auch bei der Unterbringung der Büchersammlung grundsätzlich die zur Verfügung stehenden Flächen und andere technische Rahmenbedingungen zu berücksichtigen. Die Mitwirkung bei der Planung und Umsetzung des Bauprojekts ermöglichte im Rahmen dieser Vorgaben die gewünschte Umsetzung bibliotheksfachlicher Anforderungen.

Die Neubauplanungen der Bibliothek verdanken wesentliche Impulse den 2013 erfolgten Besuchen einer Reihe fachlich verwandter Einrichtungen und ausführlichen Gesprächen mit deren Leitern, denen herzlicher Dank für ihre freundliche Unterstützung gilt: LVR-Landesmuseum für Kunst und Kulturgeschichte, Bonn (Susanne Haendschke); Deutsches Archäologisches Institut, Kommission für Archäologie Außereuropäischer Kulturen, Bonn (Carmen Hölzemann); Deutsches Archäologisches Institut, Berlin (Prof. Dr. Hans Rupprecht Goette); Staatliche Museen zu Berlin, Archäologische Bibliothek (Dr. Franz Bischoff); Bibliotheca Hertziana, Rom (Dr. Andreas Thielemann †); Römisches Institut der Görres-Gesellschaft, Rom (Prof. Dr. Stefan Heid).

Bei der Vorbereitung und Durchführung des Auszugs der Bibliothek in das ehemalige Postgebäude am Hauptbahnhof im März 2013, dem zweieinhalbjährigen Betrieb im dortigen Provisorium, dem Einzug in die neuen Räumlichkeiten im September/Oktober 2015 und der Neueinrichtung bis zur Wiedereröffnung am 23. November 2015 hat sich – neben dem Bauausschuss – das Bibliotheksteam in ganz besonderer Weise engagiert und damit wesentlich zum Gelingen beigetragen: Sonja Schon (Fachangestellte für Medien- und Informationsdienste), Julian Freytag (FSJ-Kultur 2012/13), Natascha Roth (FSJ-Kultur 2013/14, Auszubildende seit 2014), Mirjam Paul (FSJ-Kultur 2014/15), Adrian Maigler (FSJ-Kultur 2015/16) und Christine van Dyck (GDKE-Bibliotheksprojekt seit 2015).

Dieser Beitrag ist der Erinnerung an Horst Grethen (1938-2016) gewidmet. Er war ein Kind der Eifel, ein begnadeter Lehrer und ein Freund der Menschen von gläubiger Spiritualität. Als profundem Kenner von Geschichte und Literatur war ihm eine besonders vertraute Welt die der Bücher und Bibliotheken.

Abbildungsnachweis
Abb. 1-7 Th. Zühmer, RLM Trier, Digitalfotos.